AF453808

PARIS INCONNU

— Les Merveilles de la Charité —

PARIS INCONNU

— Les Merveilles de la Charité —

PAR

M. LÉONCE DE LA RALLAYE

RÉDACTEUR EN CHEF DU *Journal des Villes et des Campagnes,*
ANCIEN RÉDACTEUR DU *Monde.*

Notre-Dame des Buttes. — Un Couvent à Belleville. — Une garde-malade des pauvres. — Les Religieuses Auxiliatrices à Montmartre. — L'Hospitalité de nuit. — Le Travail des femmes. — L'Hospice des enfants infirmes à Vaugirard. — L'Œuvre du Refuge à Châtillon.

LIBRAIRIE H. OUDIN, ÉDITEUR

PARIS
51, RUE BONAPARTE, 51

POITIERS
4, RUE DE L'ÉPERON, 4

1883

INTRODUCTION

Quand une fête brillante a lieu, quand un événement mondain de quelque importance s'accomplit, quand on annonce une première à l'Opéra, aux Bouffes ou aux Français, une tombola, un bal de bienfaisance, un concert au Conservatoire, une course à la Marche ou à Longchamps, il y a un cliché dicté par l'usage et que les nouvellistes ont toujours sous la main : « Tout Paris y était ». Si cette expression était juste, il faudrait en conclure que rien n'existe en dehors de ce *tout Paris* qui ne manque aucune réunion du *high-life*, aucune *attraction* du jour. Paris se réduirait à quelques milliers d'hommes du monde, de lettrés, de journalistes, d'artistes, de politiques, d'excentriques —car l'excentricité est un titre pour faire partie de ce cénacle — d'étrangers de distinction, foule bigarrée à laquelle il faudrait bien adjoindre un bouquet d'hétaïres plus ou moins fanées, mais à la mode. Quant au Paris qui travaille, qui prie, qui souffre et qui se dévoue, ne paraissant guère dans ces solennités mondaines, il ne trouverait pas place dans cette nomenclature; il serait comme s'il n'existait pas, il pourrait s'appeler le Paris néant, ou du moins le Paris inconnu.

Eh bien! on ne se doute pas de ce que ce Paris inconnu recèle de merveilles à faire pâlir le sceptique blasé, à faire battre le cœur de l'égoïste indifférent. Que de prodiges d'intelligence, de courage, d'abnégation, j'allais dire de génie — et le terme ne serait pas trop fort — dans ce petit monde qui s'étale sur les bords de la Seine! et que de prodiges ignorés! L'habitué de l'asphalte des grands boulevards connaît à peine de nom ces régions hyperboréennes ou intertropicales qui s'appellent Belleville, Ménilmontant, Montrouge, etc.

Bien des Parisiens n'ont jamais exploré cette *terra incognita*. Nous voudrions essayer d'inspirer le goût de pénétrer dans ces pays quelque peu sauvages qui enserrent cette civilisation enivrée d'elle-même, et qui finiront peut-être par l'étouffer, si l'on n'y prend garde. En les étudiant, on ressentirait bien des joies et bien des tristesses, bien des craintes et bien des espérances; on comprendrait mieux Paris et la France, et les divers aspects de la question sociale se poseraient plus clairement devant l'esprit.

Les cantons ignorés de la géographie mondaine, quoique fort nombreux et disséminés partout, ne sont pas toujours faciles à découvrir. La foule n'y va pas et n'y conduit pas la foule. Il ne faut pas un long temps à l'étranger fraîchement débarqué dans Paris, pour savoir où sont situés l'Opéra ou les musées du Louvre ; il aura plus de peine à se faire renseigner, s'il désire visiter tel groupe qui fait un peu de bien en silence. Durant les jours mauvais que nous traversons, n'est-on pas souvent obligé de se cacher pour faire acte de dévouement ?

Eh bien ! nous nous offrons à vous servir de guide à vous qui venez à Paris, ou, y résidant, souhaitez vous initier personnellement à quelques-unes des admirables œuvres qui vous révèlent tout un côté, non le moindre, de l'esprit de la France. Nous nous attacherons de préférence à ce qui est le moins en vue. Le champ, bien entendu, est immense, nous nous contenterons d'y glaner. Ceux qui voudront bien nous suivre étudieront avec nous et prendront en quelque sorte, sur le vif, les principaux aspects de la charité à Paris, à savoir : le patronage des enfants, l'évangélisation des faubourgs, l'exercice individuel de la charité, les œuvres de miséricorde accomplies en son nom, l'asile ouvert la nuit aux vagabonds, le travail fourni aux femmes inoccupées, le soulagement des infirmités de l'enfance et, pour couronner le tout, une des choses les plus difficiles et les plus belles, **le** relèvement de pauvres créatures tombées.

Nous traçons aujourd'hui le cadre et y insérons quelques esquisses ; nous pourrons plus tard, avec l'aide de Dieu, achever de le remplir.

NOTRE-DAME DES BUTTES

**

NOTRE-DAME DES BUTTES.

Connaissez-vous le quartier de la Villette, dans le voisinage des Buttes-Chaumont ? Oh ! sans doute, vous allez me répondre que oui. Vous allez me décrire cette pittoresque promenade, ses montagnes, ses précipices, ses lacs, ses cavernes ornées de stalactites, et son petit temple coquet. Et puis ? Et puis, c'est tout. Eh bien ! vous ne connaissez pas la Villette. Savez-vous qu'il y a là un quartier peuplé de 35,000 âmes, qui n'est doté d'une église paroissiale que depuis six ou sept ans ? Auparavant, où allaient les habitants chrétiens pour entendre la messe le dimanche ? Les uns allaient à Belleville, les autres où ils pouvaient, d'autres enfin restaient chez eux. Ce fut Mgr Georges Darboy, le futur martyr de la Commune, qui conçut le projet d'édifier une église dans cette région déshéritée. Dans sa pensée, ce devait être un superbe monument qui aurait surgi au bout du canal Saint-Martin, au rond-point d'où rayonnent maintenant plusieurs lignes d'omnibus et de tramways. La marche des événements, les balles des assassins ne lui permirent pas d'accomplir cette œuvre d'évangélisation. Mgr Guibert reprit ce dessein et l'exécuta dans des proportions plus modestes. Les temps étaient durs, on ne pouvait compter sur l'avenir.

L'église Saint-Georges, ainsi nommée en mémoire du prélat qui avait eu le premier l'idée de sa fondation, s'élève à l'extrémité de la rue naguère dénommée Puebla, actuellement Bolivar, rue longue, montante, ardue, sibérienne, par cette saison de froid intense que nous traversons (1). Je l'ai parcourue l'autre jour en courant, et je n'ai rencontré que de rares ouvriers maigrement vêtus, occupés pour la plupart à conduire des charrettes de charbon de terre que la gare aux marchandises du Nord déverse en ce moment dans la capitale engourdie. La bise soufflant, je grelottais, et l'église Saint-Georges bien chauffée me parut un petit paradis. Ce paradis ne ressemble guère à la Jérusalem que Jean l'Évangéliste aperçut, toute éblouissante, dans sa vision de Pathmos.

L'église paroissiale de la Villette, d'un style très correct, est tenue fort proprement, mais rien n'y sent la splendeur ; son mobilier est des plus simples et l'ornementation s'y réduit à zéro. Bien entendu

(1) Ceci était écrit en janvier 1881.

qu'il n'y a pas de buffet d'orgues; mais, en y entrant, j'y ai remarqué une crèche. Oui, l'Enfant divin, Marie et Joseph, en compagnie des animaux traditionnels, sont là, attendant les hommages, encadrés dans une riante verdure. Une bonne femme était à genoux devant cette famille de race de rois et de race d'artisans, les deux plus grandes choses, peut-être, les plus indispensables, à coup sûr, qu'il y ait dans toute société, car si les uns sont l'esprit qui commande, les autres sont les bras qui exécutent. Cette bonne femme représentait à elle seule toute la population de la Villette. O ma sœur, que se passait-il dans votre cœur pendant que vous priiez seule pour tant de pauvres gens qui ne savent pas, qui ne peuvent pas, qui ne veulent pas prier, qui n'ont pas le temps de prier !

N'oublions pas deux jeunes enfants qui sortaient de l'église comme j'y entrais ; l'un d'eux avait la croix de classe. Tous deux ont trempé leurs doigts dans l'eau bénite et ont fait le signe de la croix. Décidément cette population n'est pas tout à fait sauvage.

Mais je m'aperçois que je ne vous ai rien dit du motif qui m'attirait dans cette église. Réparons vite cet oubli. Il faut que vous sachiez que le quartier de la Villette est très pauvre, c'est le plus pauvre de Paris. En voici la démonstration mathématique. La Villette occupe le dernier rang dans la liste des pompes funèbres ; c'est le quartier qui leur rapporte le moins. Comprenez-vous bien la profondeur de cette misère? C'est un luxe, non pas de mourir, hélas! tout uniment et tout simplement, mais de mourir avec certains honneurs funèbres. Tout le monde ne peut se payer ces honneurs-là. Chaque jour, — entendez bien, — chaque jour, le clergé paroissial de Saint-Georges fait deux ou trois enterrements gratuits. Hélas ! il y a de pauvres gens, moins coupables que trompés, qui ne savent pas profiter de cette générosité ! Des ravisseurs de cadavres les épient, ils spéculent sur leur misère et leur ignorance, et quand la faux de la mort s'abat dans leurs froides demeures, ils se présentent à l'improviste, accusant calomnieusement l'avarice des gens d'Eglise, promettant un cortège et des cérémonies gratuites, pourvu qu'on n'appelle pas le prêtre, et se dérobent avec leur proie. Voilà ce qui se pratique à la Villette et ailleurs.

Il y a donc quelques enterrements civils, mais en petit nombre. Au fond, la population n'est pas pire que dans les autres parties de l'agglomération parisienne, l'écorce est plus rude ; voilà tout. Elle n'a pas la haine du curé, elle ne crie pas après la calotte. Les ecclésiastiques circulent librement sans être jamais insultés. Chaque dimanche, les offices sont régulièrement suivis par un petit nombre de fidèles. Le reste, c'est-à-dire l'immense majorité, demeure indifférent.

Or, au sein de ces trente-cinq mille pauvres gens, vivant presque tous à la sueur de leur front, le dimanche comme les autres jours, ayant à peine le temps de se reposer de loin en loin et de se recueillir, il s'est trouvé un jeune prêtre qui, seul, sans aide, sans conseil, sans ressources, s'est imaginé de faire un petit coup d'Etat non politique, mais social et religieux.

Il a jeté un grain de sénevé sur cette terre féconde, mais remplie de mauvaises herbes, et ce grain a levé, il a grandi. Puisse-t-il devenir un grand arbre !

Il y a un peu plus de quatre ans, — c'était le 2 février de l'année 1879, — M. l'abbé Gonin, vicaire de la paroisse Saint-Georges, réunit une dizaine d'enfants d'environ douze ans, de bonnes et honnêtes familles, bien élevés, doués d'heureuses dispositions, et leur tint à peu près ce langage : « Mes petits amis, si cela vous plaît, vous viendrez me trouver tous les dimanches au matin dans la chapelle des catéchismes ; là vous entendrez la messe, comme doivent l'entendre les enfants chrétiens, puis nous tâcherons de nous égayer ensemble. Le soir, nous nous réunirons au même lieu. Je vous conterai des histoires et nous ferons de la musique. Cela vous va-t-il ? — Oui ! oui ! accepté à l'unanimité ».

L'engagement fut tenu. Peu à peu le noyau grossit,

et avant qu'une année fût écoulée, le 3o décembre 1879, l'œuvre comptait deux cent quatre-vingts enfants.

Ne vous récriez pas. Sur ce nombre, environ deux cents sont véritablement assidus. N'est-ce pas là un merveilleux progrès et qui promet beaucoup pour l'avenir?

Vous me demanderez peut-être à quoi servent ces réunions hebdomadaires? Je vais vous répondre, ou plutôt M. Gonin vous répondra pour moi. Né et nourri dans la classe ouvrière, cet ecclésiastique zélé connaît les dangers que courent les malheureux enfants abandonnés à eux-mêmes, forcément négligés par leurs parents, qu'un labeur quotidien tient presque constamment éloignés de chez eux. A l'atelier, ils entendent quelquefois de mauvaises paroles, mais là, au moins, ils sont quelque peu surveillés. Une fois dehors, quels goûts, quelles habitudes prennent-ils? que deviennent-ils? où vont-ils? Vous voyez d'ici les écueils, les dangers. Grâce à l'œuvre nouvelle, ils évitent les uns et les autres. La fréquentation des bons, sous une direction paternelle, chrétienne et saintement joyeuse, les éloigne du mal, les fortifie dans le bien.

Autre question : quels résultats ont été obtenus jusqu'ici? Les voici : les deux cents enfants et adolescents, qui sont vraiment l'âme de ces réunions, accomplissent fidèlement leurs devoirs de chrétiens; ils font plus que leurs devoirs. A la Toussaint, à la fête de l'Immaculée-Conception, à Noël, ils ont tous ou presque tous approché de la sainte table. Quelle édification pour leurs camarades ! Quel exemple pour leurs familles !

Avec quel entrain, les jours de solennités religieuses, la fanfare de l'œuvre jette ses joyeux accords dans l'église ! Elle figure aussi dans la procession du Saint-Sacrement qui, à la Fête-Dieu, déroule ses gracieux replis dans un vaste terrain attenant à l'église et que son propriétaire met avec bienveillance à la disposition du clergé paroissial. Les autorités radicales n'ont rien à y voir, c'est un domaine privé. Parisiens, quand vous éprouverez la nostalgie des fêtes chrétiennes, et que vous voudrez assister à une procession en plein air, suivez mon conseil, faites le pèlerinage de Saint-Georges à la Villette.

M. l'abbé Gonin, de qui je tiens tous ces détails, fort jeune d'âge et d'aspect, a l'air affable, doux, presque timide ; on dirait l'attitude d'une jeune fille ; mais cette enveloppe délicate recèle une âme pleine de feu et d'énergie. Son œuvre, à l'étudier de près, est une sorte de prodige ; car, dénué de fortune personnelle, sans quêtes, sans cotisations, sans compagnons et sans local approprié, il a fait quelque chose de rien.

Il faut l'aider maintenant à développer une œuvre qui a tant de portée pour la moralisation et pour l'assainissement moral de ce quartier déshérité et si mal famé. Un concert brillant donné l'année dernière en faveur de l'Œuvre a procuré quelques ressources; elles servirent à payer les dettes. Les âmes généreuses peuvent se donner libre carrière. M. l'abbé Gonin demeure au cinquième étage de la maison qui porte le numéro 8, dans la rue d'Allemagne ; mais on le trouve plus facilement à son quartier général, nous voulons dire à la sacristie de l'église Saint-Georges, près du terrain où s'élèvera plus tard, nous l'espérons, la statue de Notre-Dame des Buttes.

Depuis que ces lignes ont été écrites, nous avons à signaler d'heureux progrès.

Voici, quant à présent, la situation : on est toujours sans terrain, sans local approprié, et par conséquent sans moyens humains pour attirer les jeunes gens. Mais Dieu bénit visiblement cette œuvre, car il s'est formé un noyau de chrétiens d'autant plus solides, que les exercices religieux seuls les attirent et les retiennent. Il y a actuellement plus de 600 jeunes gens inscrits ; presque tous font leurs Pâques, et les trois quarts au moins sont assidus à la messe dominicale, autant que les circonstances le leur permettent. Parfois le manque de vêtements convenables les éloigne du temple. Ce serait une bonne œuvre, que de leur envoyer des habits hors d'usage. M. le directeur se montre assez difficile pour les admissions. Il exige que les candidats soient présentés par leurs parents, alors même qu'ils ont vingt ans. Il ne doute pas que de nombreuses recrues ne se présentassent, s'il pouvait leur offrir un centre de réunion différent de la sacristie, et où ils trouveraient des délassements honnêtes. Le terrain ne manque pas à l'entour, mais il vaut au moins 5o fr. le mètre, et il en faudrait 3,ooo. C'est inabordable pour une œuvre absolument dénuée de ressources. Dans l'état actuel, il se fait beaucoup de bien, mais ce bien, avec quelques secours, s'accroîtrait dans des proportions considérables au milieu de cette population d'ouvriers foncièrement honnêtes, et dont le plus grand nombre n'est jamais insensible à l'affection qu'on lui témoigne. Une bouche autorisée l'a dit : « Le monde appartiendra à qui l'aimera davantage ».

UN COUVENT A BELLEVILLE

UN COUVENT A BELLEVILLE (1).

Un couvent à Belleville ! Ces mots ne hurlent-ils
pas d'être accouplés ensemble ? Quoi ! des religieux,
avec leur froc, circulent librement et impunément
dans ce quartier néfaste qui a donné le signal des
hécatombes sanglantes, au moment de la Révolution
de Septembre, dans ces rues infâmes qui fument
encore du sang des otages, et non seulement ils
circulent, mais ils séjournent paisiblement dans
cette citadelle de la République à outrance, où
M. Gambetta, l'ennemi acharné du cléricalisme, a

---

(1) Cet article était écrit avant l'expulsion des religieux; nous
n'avons pas voulu le supprimer : il constate un état de choses
qui ne portait ombrage à personne, et peut servir en quelque
sorte de témoin.

trouvé des électeurs qui commencent à le trouver un peu tiède et ne sont pas éloignés de l'appeler jésuite (2).

Eh bien ! oui, cela paraît étrange ; mais cela est, ou plutôt, hélas ! cela était. Oui, avant l'exécution des néfastes décrets qui ont dispersé presque toutes les familles religieuses de France, il y avait un couvent à Belleville, et, qui plus est, un couvent de religieux étrangers, de religieux mendiants. Ils étaient quatre Cordeliers italiens qui, chassés de leur pays par la révolution antichrétienne, avaient eu le courage de planter leur tente au numéro 23, dans la rue de Romainville, à deux pas de la rue Haxo. Si la modeste maison qu'ils occupaient (elle n'a que deux étages) eût été assez élevée, on aurait pu des mansardes apercevoir le champ funèbre, à jamais glorieux, où tombèrent, immolés en haine de la foi, des serviteurs de Jésus-Christ. D'ailleurs, ne le savez-vous pas ? Paris est la ville des contrastes. Le vice y coudoie la sainteté, et le génie s'épanouit au milieu de l'idiotisme.

Ressuscitons un instant par le souvenir un passé qui n'est pas très loin de nous, et retraçons le tableau tel qu'il nous est apparu le 29 février 1882. Ces hommes ont donc franchi les monts pour venir donner une image de la perfection chrétienne aux

(2) Ces lignes que nous avons voulu conserver donnent la date de notre visite.

populations plus ignorantes que corrompues, moins hostiles que délaissées, de ces faubourgs lointains et ignorés qui s'appellent bien administrativement Paris, mais qui, au point de vue des mœurs et des habitudes, ne ressemblent en rien à la capitale. Les habitants, j'allais dire les naturels, ne s'y trompent point : quand ils descendent sur les grands boulevards, ils disent : « Nous allons en ville ». Ils se regardent comme étant *extra muros* ; du reste, ils touchent aux fortifications. De même qu'il y a un extrême Orient, où les voyageurs ne pénètrent qu'à grand'peine et d'où ils nous rapportent des récits mystérieux qui ne semblent point appartenir à notre monde, de même il y a un extrême Paris, récemment annexé, où le Parisien pur sang, le Parisien fils de Parisien, ne se hasarde qu'en tremblant.

A tout prendre, ce n'est pas une région sauvage... Si vous suivez la grande rue de Belleville qui traverse de part en part le quartier, et qui s'élève jusqu'au plateau de Romainville, vous apercevrez à droite et à gauche des vestiges incontestables de la civilisation moderne. Il y a des cafés, il y a des marchands de journaux, il y a même un théâtre où, par parenthèse, on jouait naguère *Notre-Dame* de Victor Hugo. Que peut-on désirer de plus ? J'ai même aperçu un *Hôtel des mousquetaires* qui a un air tout à fait régence et dont le nom fait rêver.

Toutefois, à mesure que l'on gravit cette rude montée, on voit disparaître peu à peu ces étalages alléchants, où l'on farde si bien les marchandises pour attirer les chalands. Les lumières du progrès s'éteignent les unes après les autres. Quand on a passé l'église de Belleville, bel édifice, orné de vitraux de couleur, dont la façade et les deux flèches en pierres de taille ne dépareraient pas les plus nobles quartiers du centre, on atteint les limites du désert.

Une ligne unique d'omnibus est la dernière empreinte de la culture parisienne. Les maisons se rapetissent, les rues se rétrécissent, les boutiques à l'air avenant font place aux échoppes à la mine renfrognée, les équipages de toutes sortes disparaissent (je n'ai aperçu qu'un fiacre occupé pendant ma pérégrination pédestre); les toilettes ébouriffantes ou simplement élégantes font complètement défaut.

La population de Belleville s'élève à 62,000 âmes; c'est une grande ville, mais qui n'a qu'une église paroissiale, avec sept ou huit prêtres pour la desservir.

Certainement, M. le curé Rossignol et ses vicaires sont animés du zèle le plus ardent pour le salut des âmes, et ils ne reculent pas devant la besogne ; mais c'est précisément ce zèle qui leur fait sentir leur insuffisance numérique et qui les a amenés à saluer avec bonheur l'arrivée de ces auxiliaires. Les enfants de saint François ont été, en effet, investis de tous les pouvoirs nécessaires pour suppléer le clergé ordinaire. Habituellement, les religieux ne remplissent que des fonctions en quelque sorte préparatoires. Ils prêchent, ils confessent, célèbrent leurs offices dans leur chapelle particulière; mais l'administration des derniers sacrements est réservée au clergé paroissial. S'ils apprennent qu'il y a un malade en danger dans une maison, ils se présentent chez lui et s'efforcent de le disposer à bien mourir; ils l'entretiennent, le réconcilient avec Dieu, lui entr'ouvrent les portes de l'éternité, mais c'est le pasteur seul, ou son délégué, qui l'introduit dans le monde mystérieux dont il a les clefs. Ainsi le veut la discipline; telle est l'économie de la hiérarchie. L'Eglise demeure fidèle aux lois qu'elle a posées, elle ne soustrait pas facilement le laïque à la juridiction ordinaire. Nous touchons ici, pour le dire en passant, à l'un des préjugés les plus répandus et les moins fondés contre les ordres religieux. On les accuse d'être une superfétation dans l'Eglise, de ressembler à des plantes parasites qui se greffent sur les rameaux d'un arbre vigoureux et sain et les étouffent par leurs embrassements funestes. On se plaint de leurs envahissements, on leur impute leurs exemptions à crime. Rien n'est plus faux.

L'ordre hiérarchique : Pape, évêques, curés, desservants, vicaires, demeure immuable; tous ses membres conservent leurs droits. C'est à eux, placés sous la houlette du pasteur suprême, que Jésus-Christ a recommandé de paître ses agneaux. Le religieux, sans doute, est dans un état de perfection plus achevé, puisqu'il a juré d'observer tous les conseils et qu'il a fait complète abnégation de sa volonté ; mais, en tant que religieux, il n'a aucun pouvoir sur les âmes. Il faut que le chef de l'Eglise ou que les évêques lui confèrent une part de leur juridiction, et cette part, on vient de le voir, est toujours étroitement mesurée. Dans les cas exceptionnels seuls, cette part devient plus forte. Belleville n'est-il pas dans une situation toute spéciale? N'est-ce pas, en quelque sorte, un pays de mission?

Le nombre des infidèles ne surpasse-t-il pas de beaucoup le nombre des vrais fidèles ? Mais peut-être calomnions-nous les habitants de Belleville. Beaucoup d'entre eux sont oublieux, c'est vrai, et ne se rappellent guère le chemin de leur unique église ; mais l'immense majorité n'a pas, comme on pourrait le croire, apostasié. Presque tous ont été baptisés, et le nombre de ceux qui repoussent le prêtre à leurs derniers moments, est extrèmement minime. Il y a plus : les prêtres voient parfois des gens, vivant en dehors de toute pratique religieuse, venir leur apporter leur enfant sur le point d'expirer, pour qu'il reçoive la grâce du saint baptême. C'est le reste d'une foi enfouie au fond du cœur et qui se réveille dans les occasions solennelles. Le respect du baptême est plus fréquent qu'on ne croit dans les couches les plus ignorantes de la population parisienne : il rattache à l'Eglise ceux de ses membres qui semblent le plus indignes. Je connais une pauvre femme qui a fait sa première communion à l'âge de trente-six ans. Vous jugez si sa mère avait négligé son éducation religieuse : point de messe le dimanche, point de prières au matin ni au soir, à peine le signe de la croix de loin en loin. Eh bien ! cette mère si indifférente lui avait expressément recommandé de faire baptiser, ou de baptiser elle-même, en cas d'accidents, tous ses enfants, et elle lui enseigna la manière de s'y prendre à l'occasion. Non, la terre de France n'est pas encore une terre païenne : cependant, il faut bien le reconnaître, on travaille fort maintenant à la paganiser. Les pasteurs ordinaires ne suffisent plus, il faut des apôtres pour évangéliser de nouveau un peuple qui ne sait plus son catéchisme. Le besoin d'un ministère extraordinaire s'est fait sentir à diverses époques de l'histoire de l'Eglise : c'est ce besoin qui donna naissance aux grands ordres suscités de Dieu pour ranimer la foi débile et la piété languissante. Où et comment a pris sa source, le grand fleuve dont un petit courant est venu fertiliser un coin de la cité parisienne ?

Nous allons brièvement le rappeler.

En l'an de grâce 1205, vivait dans la petite ville d'Assise, en Ombrie, que le commerce rendait alors très florissante, un jeune homme, fils d'un riche marchand de drap, que ses manières élégantes, le luxe de sa toilette et le faste de ses profusions avaient mis à la tête de ce que nous appellerions aujourd'hui le monde fashionnable. Il présidait toutes les fêtes, et on le nommait le roi de la jeunesse. Au milieu de cette vie à grandes guides et à grand fracas, qui ne paraît pas avoir altéré la pureté de ses mœurs, François — c'était son nom, qu'il devait, dit-on, aux relations fréquentes de sa famille avec la France — nourrissait des pensées ambitieuses. Il rêvait parfois de devenir un grand capitaine, un de ces illustres aventuriers qui, à cette époque de bouleversements sociaux et d'héroïques équipées, conquéraient des royaumes et fondaient des dynasties. Une fois même il se mit en route pour offrir ses services à un gentilhomme français, Gautier de Brienne, qui, de concert avec le Pape Innocent III et le roi de France Philippe-Auguste, avait réuni des troupes pour délivrer la Pouille d'un tyran qui l'opprimait. Mais une vision le retint et lui apprit qu'il était destiné à une gloire plus qu'humaine. Frappé du coup de la grâce, il donna à ses compagnons de plaisir un festin d'adieu, à la suite duquel il fut ravi en extase. Peu de temps après, il rencontra, dans une de ces plaines dénudées qui envi-

ronnent Assise, un lépreux d'un aspect repoussant.
Triomphant des répugnances de la nature, il l'embrasse avec tendresse. Le lépreux disparaît tout à coup:
c'était Jésus-Christ.

A partir de ce jour, François, devenu un tout autre
homme, ne respire plus que l'amour des souffrances
et de cette divine pauvreté à laquelle , suivant l'expression de Dante, les hommes ne font guère meilleur accueil qu'à la mort. Nous n'avons pas à raconter ici sa vie, pleine de prodiges et d'héroïsme. Une
de ses plus grandes merveilles fut d'avoir fondé, en
dépit de mille traverses, un ·ordre dénué de toutes
ressources pécuniaires, puisque ses membres s'engageaient à ne vivre que d'aumônes, et qui, au bout de
quelques années, fournissait au chapitre général *des
Nattes* cinq mille religieux, sans compter ceux qui
étaient demeurés dans leurs couvents.

La Providence divine avait visiblement suscité à
son heure cet apôtre de la charité et ses innombrables
disciples, pour opposer leur vie pauvre et mortifiée
aux exemples peu édifiants, parfois même scandaleux,
que donnaient certains membres du clergé séculier
amollis par l'abus des richesses. Il existait sans doute
à cette époque des couvents dignes de servir de modèle. Saint Odilon , saint Bernard et plusieurs autres
avaient commencé et mené à bonne fin la réforme des
monastères. Mais ces religieux quittaient peu le cloî-

tre. Les deux nouveaux ordres sortis de l'initiative féconde de saint François et de saint Dominique se mêlaient, au contraire, au peuple chrétien, et par l'exercice de la prédication et de la confession ils ravivaient le zèle dans le sein de la société laïque. C'est, en grande partie, grâce à leurs efforts combinés que l'Eglise dut de préserver ses enfants de la séduction des Albigeois et d'accomplir sa mission de salut jusqu'au jour de la grande révolte de Luther.

Notre pays recueillit abondamment les fruits de cet apostolat. Des Frères-Mineurs de Saint-François — tel est leur nom officiel dans l'Eglise — fondèrent en France, dès leur origine et dans le court espace de moins de cinquante ans (1217-1260), une foule de couvents. Ces couvents, par l'ordre de saint Bonaventure, ministre général, une des gloires de l'Ordre, furent distribués, dans le chapitre de la Sorbonne, tenu en 1260, en cinq provinces : l'Aquitaine, la Bourgogne, la France proprement dite, la Provence et la Touraine. Des maisons de prière s'élevèrent en un grand nombre de villes qu'il serait trop long d'énumérer. Citons seulement Bordeaux, Albi, Auch, Limoges, Lyon, Besançon, Vienne, Paris, Arras, Reims, Marseille, Avignon, Bourges, Rennes, Poitiers.

Le plus célèbre de ces couvents fut celui de Paris,

dont la générosité de saint Louis fit en partie les frais. C'était un magnifique édifice, qui s'élevait sur un terrain cédé par l'abbé de Saint-Germain-des-Prés en 1239, s'étendant, en dehors de l'enceinte de la ville, depuis la porte Saint-Germain jusqu'à la porte Saint-Michel, dans le voisinage des palais de Bourgogne et de Justice. Aujourd'hui l'emplacement de ce monastère est occupé par les bâtiments de l'Ecole de médecine. C'est là que l'étranger, arrivant dans la capitale, contemplait avec admiration une grande et splendide église, mesurant 320 pieds de long sur 90 de large, et bâtie dans le style si pur et si religieux du treizième siècle ; elle avait été dédiée solennellement à sainte Marie-Madeleine, le 6 juin 1263, après le retour de saint Louis de Syrie. Toutes ces splendeurs ont depuis longtemps disparu.

Sous Léon X, une partie de ces résidences passèrent aux mains des Frères-Mineurs de l'Observance, plus connus sous le nom de Capucins, et qui constituent une branche particulière de l'Institut de saint François ; les Conventuels ou Cordeliers conservèrent néanmoins en propre trois provinces : celles dites de Saint-Bonaventure et de Saint-Ludovic, et la province de Languedoc. La Révolution fit table rase de tous ces établissements.

Quand on commença à respirer après la tempête, on s'attacha à restaurer qulques-unes de ces maisons religieuses qui avaient fait jadis l'honneur et la force de la France chrétienne. Nul n'ignore que les Bénédictins, les Dominicains, les Jésuites, les Capucins, les Franciscains dits de Terre-Sainte, sans compter des instituts nouveaux, étaient parvenus à prendre pied dans notre pays, si travaillé pourtant par l'impiété. Ils combattaient le bon combat. Les Cordeliers ou Conventuels n'avaient pas pris part à cette œuvre de régénération. Ces ouvriers laborieux manquaient dans le champ du père de famille. Une aussi fâcheuse lacune devait cesser en 1874.

A cette époque, il y avait en Italie un religieux de cet Ordre qui, obéissant à une sorte d'inspiration secrète, tournait souvent ses regards vers la terre de France, où il se sentait attiré. Depuis quelque temps déjà, un ecclésiastique savant et zélé du diocèse de Paris, M. l'abbé Bertheuille, docteur en théologie, actuellement premier vicaire à Saint-Eugène, qui appréciait les Cordeliers et savait quels services ils pouvaient rendre, avait formé le projet de les ramener en France. Des tentatives pour les installer dans le diocèse de Luçon furent infructueuses. M. Bertheuille obtint un meilleur succès à Paris même, où la bienveillance apostolique de Son Eminence le cardinal Guibert accueillit, en octobre 1874, quatre religieux italiens, y compris celui qu'une inclination mystérieuse poussait vers notre patrie.

L'installation de ces bons religieux dans la rue de Romainville, à Belleville, était des plus modestes. J'ai visité leur petit couvent, des fenêtres duquel on jouit d'une vue assez agréable sur la campagne. On entre par une cour tenue fort proprement. Au premier étage se trouvent la chapelle et le parloir, respirant l'un et l'autre, en vérité, la pauvreté d'un Ordre mendiant. Ceci est un éloge sans phrases. La chapelle a pourtant un air presque coquet, tant l'autel est bien orné, tant les chaises, qui ne manquent pas d'élégance, sont bien rangées. On a réservé visiblement pour l'habitation de Dieu tout le luxe qui est compatible avec les traditions de saint François. L'image du patriarche, celle de saint Antoine de Padoue, l'un des thaumaturges de l'Ordre, décorent le sanctuaire

Les traits du fondateur de l'institut paraissent reproduits d'après le célèbre portrait attribué à Giotto, et qui frappe si vivement les yeux, dans l'une des trois églises superposées d'Assise. L'art du peintre a fait sans doute depuis de grands progrès, mais il est impossible de dépasser la puissance d'expression qui caractérise cette effigie. Quels transports de l'amour divin se lisent dans ses yeux enflammés ! C'est vraiment la face d'un extatique. Il n'y règne pas cette beauté purement plastique et humaine dont les anciens ont excellé à reproduire l'image ; mais la beauté mystique et divine, la beauté de l'âme illuminée d'en haut, y éclate de toutes parts.

Dans la pièce qui sépare la chapelle du parloir, le mur est décoré d'un tableau, sans grande valeur artistique assurément, mais qui rappelle la fameuse conversation qu'eurent ensemble, pendant la nuit, saint François et saint Dominique, dans une chambre que l'on montre encore au couvent de Sainte-Sabine, sur le mont Aventin, à Rome. La légende raconte que ces deux saints fondateurs d'ordres se rencontrèrent par hasard, ou plutôt par une disposition providentielle, dans l'église Saint-Pierre, et qu'ils se reconnurent par une sorte d'attrait mystérieux, bien qu'ils ne se fussent jamais vus auparavant.

Le centre du tableau est occupé par l'Agneau immaculé, lançant, dans sa colère, des foudres sur la terre où règne l'iniquité ; mais la Vierge Marie, désignant saint François prêt à travailler à la conversion des pécheurs, apaise le courroux divin.

Le parloir est un couloir étroit, qu'un confessionnal, où est accrochée une étole violette, et trois ou quatre chaises en jonc suffisent à encombrer.

A l'étage supérieur étaient situées les cellules des religieux, complètement dépourvues, je n'ai pas besoin de le dire, de confortable. Le supérieur, malade depuis près d'un an, mais demeuré serein et même gai, occupait, dans une vaste pièce, un lit assez semblable à un grabat; la chambre était chauffée par un poêle immense et meublée par une table en bois blanc couverte de livres..... et puis c'était tout.

Vous demanderez peut-être quel bien faisaient ces religieux? D'abord, ils étalaient, sans emphase, mais sans respect humain, leur sainte pauvreté, et ce spectacle est à lui seul un enseignement et une exhortation. Les habitants du haut Belleville sont pauvres; ils vivent péniblement du travail de leurs mains, et souvent leurs ressources sont insuffisantes. Ils vont naturellement à ceux qui partagent leur manière de vivre simple et grossière, et qui ont sur eux l'avantage moral, dont ils ne sauraient s'offenser, de l'avoir choisie au lieu de la subir. On domine les déshérités de ce monde de deux façons: ou par l'éclat de la richesse, ou par l'attrait du dévouement. Les fils de saint François ont préféré le second mode; c'est le bon, car il n'engendre ni la convoitise, ni la jalousie, ni la haine. Je crois pouvoir dire que ces moines, dont la nourriture est à peine celle d'un ouvrier en temps ordinaire, et qui s'astreignent périodiquement à des macérations inconnues à l'ouvrier, jeûnant deux carêmes, y compris celui qui s'étend de la Toussaint à Noël, et faisant abstinence tous les vendredis de l'année, que ces moines étaient populaires dans le quartier. Partout où le zèle religieux les conduisait, ils étaient assurés d'un bon accueil. On saluait avec respect leur robe de bure, on leur apportait de petits enfants moribonds à baptiser ; s'il y avait des malades en danger dans une maison, les voisins les avertissaient, ils s'empressaient d'accourir, et leur visite était toujours, au point de vue des intérêts spirituels, couronnée de succès. Les refus de sacrements, à la dernière heure, sont excessivement rares. L'auriez-vous cru à Belleville ?

Ce n'est pas tout. Leur chapelle était devenue un centre religieux. On y disait la messe trois et quatre fois par jour. Le dimanche voyait célébrer l'office avec une certaine solennité : il y avait des chants, des prières liturgiques avec accompagnement d'orgue. A ces heures, l'oratoire ne désemplissait pas.

Si la maison des bons Pères était un centre religieux, elle était aussi en même temps un foyer de charité. Les nécessiteux en avaient bien vite appris le chemin ; ils savaient qu'on y distribuait des secours, des bons de fourneaux. Cette ressource locale supplémentaire était inappréciable. Les indigents en ont senti le prix ; souvent, en allant chercher le pain du corps, ils trouvaient le pain de l'âme. Et vous demandez quels avantages pouvaient résulter de la présence de quelques moines dans un quartier si populeux!

Les Mineurs conventuels de Belleville étaient les auxiliaires naturels, dévoués, autorisés, aimés du clergé si occupé de la paroisse, et notamment de son vénérable curé. Il y avait entre les uns et les autres comme une rivalité de zèle et de bonnes œuvres. Ce que les uns ne pouvaient faire, par insuffisance de temps ou de forces, les autres l'exécutaient. Les religieux prêchaient et accomplissaient des cérémonies religieuses dans l'église Saint-Jean de Belleville quand ils y étaient invités. Vous connaissez le mot de l'Évangile : « La moisson est grande, mais il y a peu d'ouvriers ». Eh bien ! la moisson est grande à Belleville comme ailleurs, plus grande que ne se l'imaginent volontiers les esprits terrifiés par les récits légendaires dont ce quartier est l'objet. Donc il faut se réjouir de voir se multiplier les ouvriers, et il convient de les aider à remplir leur œuvre. Si l'on parvenait à convertir Belleville tout entier, quel beau succès ! et quelles heureuses conséquences ! Paris, je crois, dormirait plus tranquille.

On sait que ces beaux épis ont été coupés lorsqu'ils étaient en fleur. Nous ne reviendrons pas sur la brutale expulsion des Ordres religieux, que tout le monde connaît; mais nos lecteurs seront sans doute satisfaits de savoir ce que sont devenus les PP. Mineurs conventuels, chassés de leur modeste couvent de Belleville. La plupart étaient de nationalité italienne, un d'entre eux avait vu le jour en Hollande. Ils ont naturellement invoqué l'assistance de leurs ambassadeurs respectifs, car on leur enjoignait de sortir de France dans les vingt-quatre heures. Nous devons dire qu'ils ont eu à se louer beaucoup plus de la légation hollandaise que de la légation italienne. L'ambassadeur de Hollande, quoique protestant, a énergiquement réclamé en faveur de son compatriote le F. de Haarden, et il a été très fermement secondé par le secrétaire d'ambassade, M. Van Leer, qui, lui, est un zélé catholique, et que les œuvres de Paris connaissent. On leur donna le temps de respirer. Le R. P. Cui, ancien supérieur de la maison de Belleville, fut placé en Italie dans un poste éminent. Il fut nommé recteur de la sacrée pénitencerie de Saint-Pierre au Vatican, et c'était à lui spécialement que les Français s'adressaient. Le R. P. Négri remplit l'office de confesseur à la basilique de Padoue, qui est, comme on sait, un but de pèlerinage célèbre et très fréquenté. Nos compatriotes sont également l'objet de sa pieuse sollicitude. Auprès de lui, dans la même basilique, le F. de Haarden exerce les fonctions de deuxième secrétaire. Depuis que ces lignes ont été écrites, nous avons eu le regret d'apprendre la mort du vénérable P. Cui. Qui oserait dire que les tris-tesses de la proscription n'ont pas hâté sa fin !

Nous tenons ces détails de Mgr l'abbé Bertheuille, qui vient d'être nommé chanoine de première classe de la basilique de Notre-Dame de Lorette, avec rang dans la prélature.

UNE GARDE-MALADE DES PAUVRES

c

UNE GARDE-MALADE DES PAUVRES

Nous ne ferons pas aujourd'hui une lointaine excursion ; le noble et riche faubourg Saint-Germain fournira l'humble et héroïque figure que nous voulons montrer à nos lecteurs.

Si vous vous arrêtez au numéro 3o de la rue Grenelle et que vous gravissiez trois étages, vous pénétrerez dans une chambre de dimensions modestes, pauvrement meublée et occupée par trois personnes : une vieille femme et deux jeunes filles. Celles-ci, chétives d'aspect, ont plus de courage que de forces et de santé ; l'une est atteinte d'une maladie de cœur, l'autre est menacée du coté de la poitrine. La vieille, qui compte soixante-huit ans, est la plus ingambe et la plus gaillarde des trois. Alerte, bien prise dans sa petite taille, elle a les yeux vifs et l'air décidé. Les jeunes infirmes lui donnent le doux nom de *maman !* et elle les appelle ses filles ! Les a-t-elle donc portées dans son sein ? Non. Elle n'est pas leur mère selon la nature, elle est leur mère selon le cœur. Voici en deux mots cette histoire simple et touchante.

Joséphine Larcher, née à la campagne dans le département de Seine-et-Oise, de parents honnêtes et dotés d'une certaine aisance, eut le malheur de les perdre dès son jeune âge. Elevée par un oncle qui la chérissait tendrement, elle montra dès ses premières années un grand amour pour les pauvres. Feignant la faim, elle demandait sans cesse à son oncle de grands morceaux de pain, et comme celui-ci s'étonnait de ce robuste appétit, elle baissait les yeux en rougissant et se débarrassait bien vite de ce léger fardeau en faveur des premiers indigents rencontrés sur sa route. Ceci me rappelle un trait charmant d'une actrice que le *Tout Paris* dont je parlais tout à l'heure connaît et admire, Mme L..., sociétaire du Théâtre-Français. Cette femme distinguée, qui a su conserver dans un milieu si dangereux des mœurs austères et des sentiments chrétiens, étant toute petite fille, recevait tous les jours un sou pour passer sur un pont où un péage était établi. C'était son chemin pour aller à l'école. Or, cet unique sou quotidien, elle se gardait bien de le donner au péager, mais elle engratifiait un pauvre de prédilecti on , préférant faire un détour d'une lieue pour satisfaire son cœur.

Je reviens à Joséphine Larcher : elle n'était pas destinée à une aussi grande célébrité que Mme L..., bien qu'une sorte de gloire dût la toucher un jour de son rayon. Il serait trop long de vous conter le différentes phases de l'histoire de sa jeunesse. Venue à Paris, où elle fut élevée dans un couvent de la rue du Regard, elle vit de près plus d'une illustration : le docteur Récamier, médecin dévoué de cette maison de prières ; Chateaubriand, que le voisinage de l'abbaye-au-Bois attirait dans ce quartier; d'autres encore. Elle était toujours penchée vers les misères humaines pour les secourir ; elle avait soif de dévouement. La révolution de Juillet vint : elle assista aux saturnales qui la suivirent, vit d'un œil plus indigné qu'effrayé la démolition du palais de l'archevêché, coopéra au salut des pauvres séminaristes que poursuivait la fureur démagogique. Une maison de Carmélites où elle avait cherché un asile et où elle espérait se consacrer à Dieu, dans la solitude et la contemplation, fut forcée par une multitude en délire, et les religieuses se dispersèrent.

Cet événement providentiel pour la jeune José phine, en la rejetant violemment hors d'une voie où elle n'était peut-être pas appelée, fut décisif pour son avenir. On lui conseilla de ne pas s'obstiner à s'enfemer dans le cloître dont son activité naturelle se fût mal accommodée. Bref, elle entra en condition, comme simple domestique ; mais tel était son attrait pour le service des malades qu'elle demanda et obtint la permission de consacrer ses veilles à cette œuvre de miséricorde et de dévouement. Pendant toute la journée, elle faisait le ménage et travaillait pour ses maîtres ; la nuit, elle allait dans quelque mansarde soigner sur un grabat quelque pauvre malade abandonné, qui ne pouvait se faire garder. Elle fit ainsi ce rude métier pendant plusieurs années, sans se lasser, sans se décourager. Quel tempérament ! et aussi quel dévouement !

Ce n'est pas tout ; son amour pour les déshérités lui inspira encore d'autres sacrifices. Elle retirait chez elle de pauvres gens qui manquaient de gîte ou qui auraient dépéri faute de soins ; elle leur abandonnait l'usage de son mobilier et subvenait, autant que possible, à toutes leurs nécessités. Ses gages étaient consacrés à cette œuvre de dévouement. Plusieurs familles furent ainsi arrachées à la misère et au désespoir. La dernière qu'elle accueillit se composait d'une femme, délaissée de son mari, et de cinq petits enfants. Cette malheureuse, exténuée par le chagrin et par les privations, vit mourir sous ses yeux trois de ses enfants ; elle succomba elle-même sous le poids de ses maux, mais elle expira résignée, le sourire sur les lèvres, et en bénissant sa bienfaitrice. Elle savait que ceux qu'elle laissait derrière elle ne resteraient pas sans appui. Joséphine répondit aux désirs de la mourante et elle adopta les deux orphelines. Et voilà comment cette digne femme, qui n'avait jamais connu les joies de la maternité, se trouva, dans son propre dénuement, chargée d'un double fardeau.

Cependant un dévouement si fécond et si obstiné n'était pas tout à fait demeuré dans l'ombre. Des personnes d'un certain rang et d'un certain crédit, qui l'assistaient dans ses bonnes œuvres, firent des démarches en sa faveur. L'Académie française, d'après le rapport de M. le duc de Broglie, lui accorda, sur les fondations de M. de Monthyon, un prix de mille francs. C'était en 1864. L'humble Joséphine ignorait que son nom fût dans toutes les bouches. Un beau jour, elle vit arriver dans sa modeste demeure un huissier de l'Académie, en grand costume, qui lui apportait une magnifique couronne. La pauvre femme n'en pouvait croire ses yeux et ne savait ce que cela signifiait. Mais comme elle a le cœur haut et fier, elle emprunta trois francs pour en faire une gratification au personnage officiel. Elle était alors littéralement sans le sou.

Le lendemain, elle sut que l'Académie lui avait octroyé mille francs. C'était une belle somme : je vais vous dire à quoi elle l'employa. Trois cents francs furent consacrés à payer ses dettes et à subvenir à ses besoins quotidiens ; deux cents, abandonnés à la mère de famille qu'elle soignait alors et qui n'était pas encore morte. Cette pauvre femme, touchée jusqu'aux larmes, accepta, et comme elle se sentait mourir, elle demanda qu'avec cet argent on lui fît des funérailles décentes. J'aime ce respect de soi et de sa dépouille mortelle, jusque dans la misère.

Il restait cinq cents francs. Vous croyez peut-être que l'héroïne de ce drame touchant se les réserva en prévision des mauvais jours ? Que vous connaissez mal la soif de dévouement qui la dévore ! Elle plaça les cinq cents francs à la caisse d'épargne, sur la tête des enfants qu'elle adoptait. Avant tout elle voulait assurer leur avenir pour le jour où elle ne serait plus. Quant à elle, elle se confiait en la Providence.

Et c'est ainsi que les libéralités posthumes de M. de Monthyon ne profitèrent point à la servante des pauvres. Le monde, qui avait appris la récompense éclatante donnée à la vertu, ignora le dénouement.

Qu'importe à Joséphine ? Elle poursuit avec une ardeur infatigable sa voie, sans regarder derrière elle ni à côté d'elle. Sa vie, c'est de se dépenser pour les autres. Elle exerce maintenant le métier de garde-malade, ingénieux moyen de se satisfaire, en soulageant la souffrance. Elle ne refuse personne ; elle va chez les riches, elle va chez les pauvres. Naturellement elle se fait payer des riches et elle remet aux pauvres ce que les riches lui ont donné. Ses mains servent ainsi de canal pour rétablir l'équilibre de la fortune. Du reste, sa piété est admirable ! « Que je suis heureuse ! » s'écrie-t-elle quelquefois dans un ravissement qui n'a presque rien d'humain, « je n'échangerais pas mon sort contre le sort des plus opulents. » Elle a raison, elle a connu le secret du bonheur dans le renoncement. *Beati pauperes*, a dit la souveraine Sagesse.

Les événements se succèdent, les révolutions passent, les dynasties s'écroulent, les fortunes privées sont englouties ; la garde-malade des pauvres grossit son trésor dans le ciel et traverse, la tête haute et le cœur serein, toutes les vicissitudes qui désolent les hommes attachés à cette poussière qu'on appelle les richesses terrestres. Des fenêtres de cette maison où elle habite, elle a vu Paris en feu pendant les jours néfastes de la Commune expirante : d'un côté l'Hôtel-de-Ville, de l'autre les Tuileries. Quel flamboiement ! O misères de la civilisation humaine ! Au milieu de cet épouvantable embrasement, je gage que son cœur ne battait pas trop fort. Qu'avait-elle à regretter pour elle-même qui ne possède rien ? Quant aux autres, son lot n'est pas de s'apitoyer, de s'attendrir, mais de porter diligemment remède au mal. Or il y aura toujours des larmes à essuyer, des calamités à adoucir dans la grande Babylone moderne.

Deux ou trois ans se sont passés depuis que ces lignes ont été écrites. Aucun changement ne s'est opéré dans l'existence de Joséphine : elle continue à gagner sa vie et à subvenir en partie aux besoins de ses deux orphelines, en exerçant le pénible métier de garde-malade, se donnant aux pauvres aussi bien qu'aux riches. Chemin faisant, elle distribue l'aumône spirituelle et l'aumône temporelle. Une des dernières personnes qu'elle ait soignées, était un vieillard de plus de quatre-vingts ans, qui ne pensait plus au ciel depuis sa première communion ; elle l'a réconcilié avec Dieu. Il était temps, car, peu de jours après qu'il eut reçu la visite du prêtre, il mourait brûlé par suite d'un accident. En dépit des affreuses douleurs qu'il ressentait, son agonie fut assez douce, parce qu'il avait le pain de l'âme. Il se sentait mourir, mais se résignait. Voilà un grand bien opéré par cette Sœur de charité que j'appellerais laïque, si ce mot n'avait pas été détourné de son acception primitive. J'ai vu sa modeste chambrette ; elle est vraiment microscopique par ses dimensions : au fond se trouve le lit d'une de ses protégées ; l'autre couche sur une espèce de canapé-cage que l'on replie le jour, pour éviter l'encombrement. Leur mère adoptive passe la nuit dans un fauteuil. Je lui ai demandé si elle s'accommodait de cette posture pendant son sommeil, elle m'a répondu simplement : « J'y suis habituée ».

LES RELIGIEUSES AUXILIATRICES

A MONTMARTRE.

LES RELIGIEUSES AUXILIATRICES

A MONTMARTRE

Un jour, de jeunes fillettes, se livrant à de gais ébats dans un jardin émaillé de fleurs, s'amusaient à la chasse aux papillons. Soudain l'une d'entre elles, une enfant comme les autres, s'arrête au milieu de sa course, comme frappée par quelque réflexion subite. La bande joyeuse s'approche pour la questionner. Mais elle : « Savez-vous à quoi je pense ?... Si l'une de nos compagnes était dans une prison de feu et qu'il nous fût possible de l'en faire sortir en disant un mot, comme nous le ferions vite, n'est-ce pas » ? Et sans attendre la réponse : « Voilà pourtant, reprit-elle, ce qu'est le Purgatoire : les âmes sont dans une prison de feu ; mais le bon Dieu, qui les tient enfermées, ne demande de nous qu'une prière pour la leur ouvrir, et cette prière, nous ne la disons pas ». Après avoir proféré gravement cette grave parole, la petite fille reprit son élan et se remit avec ardeur à se divertir. N'était-ce pas là le coup de la grâce et comme le premier appel d'en haut ?

Cette enfant était, en effet, prédestinée par la divine Providence, non seulement à se dévouer aux âmes du purgatoire, mais encore à fonder un institut, inconnu jusque-là dans l'Eglise, et qui se proposerait le même but. Par quelle voie, à travers quelles péripéties atteignit-elle cette fin, voulue de Dieu, mais dont la connaissance claire et sans nuages ne se développa chez elle que progressivement, c'est ce que nous allons essayer d'indiquer en peu de mots.

Eugénie-Marie-Joseph Smet était née à Lille, le 25 mars 1825. Son père appartenait à une famille très honorable, et par sa mère, Mlle de Mondhiver, elle se rattachait à la plus ancienne aristocratie du Nord. Elevée dans le sein de l'opulence, par des parents chrétiens, douée d'un heureux caractère, d'une vive intelligence et d'une aimable figure, elle avait tout ce qu'il fallait pour mener dans le monde une vie douce, agréable, et en même temps édifiante. Dès sa plus tendre enfance, elle s'adonna aux bonnes œuvres et devint la joie de tous les siens. Mais Dieu avait ses vues sur cette âme privilégiée, et il la conduisit par une économie admirable dans un sentier plus ardu , où elle devait accomplir de grandes choses et former de dignes imitatrices de ses vertus.

L'attrait spécial qu'elle ressentait pour la dévotion aux âmes saintes et souffrantes de l'autre monde lui inspira de nombreux projets : neuvaines, prières, associations. Elle entrevit bientôt, à peine sortie du couvent du Sacré-Cœur où elle avait été élevée, la perspective d'un nouvel ordre religieux où elle pourrait apaiser pleinement la soif d'expiation dont elle était dévorée ; mais l'affection de son père et de sa mère, qu'elle aimait avec une vive tendresse, la crainte de céder à son imagination et l'obéissance à ses guides spirituels qui la détournaient de la voie religieuse, la firent longtemps hésiter. Elle s'engagea pourtant par ce qu'on appelle le *vœu héroïque*, vœu qui consiste à abandonner à ceux qui sont morts dans la grâce de Dieu, mais avec des dettes envers sa justice, toutes ses propres satisfactions, sans s'en réserver une seule. Quand on prend cet engagement sublime, on consent à demeurer soi-même pendant de longues années dans le sombre royaume des expiations, pour en délivrer au plus tôt les âmes qui l'habitent. Elle attendait une déclaration plus explicite de la volonté divine, mais elle la provoquait aussi par ses prières, par la droiture de son intention et par le zèle ardent qu'elle déployait à suivre les impulsions de la grâce.

Un trait distinctif de ce caractère d'élite, c'était une

confiance absolue en la providence du Père céleste : elle comptait sur cette divine assistance, comme un créancier sur la loyauté d'un débiteur qu'il estime. Aussi ne faisait-elle nulle difficulté de demander des faveurs spéciales et de solliciter des interventions extraordinaires pour recevoir dans ses doutes des éclaircissements. Un jour qu'il lui était venu une inspiration dont elle ne démêlait pas bien la nature, elle pria Dieu d'envoyer à une de ses amies une inspiration semblable, ce qui eut lieu. Une autre fois, — c'était peu de temps après l'apparition de la Salette, — elle engagea une religieuse qui doutait de la réalité du miracle à forcer pour ainsi dire le ciel de s'expliquer en guérissant une personne d'une infirmité déclarée incurable, et cette personne guérit. La vie de cette admirable fille est remplie de traits semblables, où l'étonnement se partage entre la pieuse audace qui demande et la tendresse miséricordieuse qui accorde.

Il se trouva qu'un excellent ecclésiastique de Paris, qu'elle ne connaissait nullement, avait formé précisément les mêmes projets qu'Eugénie Smet : il avait même réuni dans ce but quelques personnes pieuses qui avaient fait l'acte héroïque et suivaient une règle dans un petit appartement de la rue Saint-Martin que l'on avait mis à leur disposition. La future fondatrice, instruite de cette coïncidence, obtint aisément de sa famille la permission de venir à Paris pour prendre des informations. Il lui fallait de l'argent pour ce voyage ; comme elle ne voulait pas employer celui qu'elle consacrait à ses bonnes œuvres ordinaires, elle s'adressa à Dieu pour en avoir. Et voilà qu'à point nommé une de ses amies qui allait entrer dans le Carmel de la rue de Messine lui envoya un billet de quatre cents francs pour assister à sa prise d'habit. Arrivée à Paris, Eugénie voulut avant tout s'assurer de la protection de l'archevêque, Mgr Sibour. Elle a raconté elle-même les émotions de cette entrevue qui allait décider de son sort.

Le prélat, après lui avoir fait l'accueil le plus gracieux, lui demanda si elle avait des ressources. — « Monseigneur, pour le moment, elles sont très bornées, mais plus tard ce sera différent. » — « Et une maison ? » — « Non, Monseigneur. » — « Comment allez-vous faire ? » — A cette dernière question, je repris bien vite : « Mais, Monseigneur, trouveriez-vous plus extraordinaire que la Providence me fît trouver une maison, alors que toutes les maisons de Paris lui appartiennent, qu'il n'est extraordinaire que je me sois rencontrée dans un même projet avec un prêtre que je n'ai jamais vu ? » — « Allez, ma fille », me répondit le vénéré prélat, « la foi qui transporte les montagnes bâtit les maisons. Dites hautement à la ville de Paris que vous avez la tête et le cœur de l'archevêque pour votre œuvre et, si vous avez besoin d'appui et de conseil pour votre œuvre, je suis là. »

Fortifiée par cette encourageante parole, Mlle Smet se mit immédiatement à l'œuvre. Le local qui abritait provisoirement la petite communauté étant insuffisant et ne se prêtant pas, à cause du voisinage, aux exigences de la vie religieuse, il fallut bien chercher une maison. Mais on ne se procure point à Paris, ni même ailleurs, une maison sans argent, et Eugénie en était totalement dépourvue. Elle résolut de s'adresser à ceux qui en avaient. On lui avait parlé d'une dame aussi riche que bienfaisante ; elle obtint une lettre de recommandation et chargea Notre Dame des Victoires de la réussite de cette affaire. A sa sortie de l'église, on lui annonça un rendez-vous pour le lendemain. Laissons encore parler notre héros.

« Le samedi 26 janvier, je partis pour faire connaissance de Mme F... Une femme de chambre paraît et me répond d'un ton laconique : « Madame est sortie. — Cela m'étonne, repris-je, car elle m'a indiqué cette heure. — Ah ! vous êtes donc cette personne qui devait venir.... Comme elle va être contrariée ! elle est partie il n'y a qu'un instant, et je ne sais quand elle rentrera. Elle a appris qu'un de ses oncles est très malade ; elle doit partir cette nuit pour se rendre près de lui. Toute désappointée, je remonte en voiture. Le cocher me demande où il doit me conduire ; ne sachant trop ce que je disais, je lui répondis : Menez-moi où est le Saint-Sacrement. — Le pauvre homme, très embarrassé de cette adresse, réitère sa question. — Mais je veux aller à l'église. »

Le cocher ne connaissait pas d'église ; la dame non plus, étant étrangère à Paris. On monte au hasard la rue de Sèvres, et l'on s'arrête, sans savoir comment, devant la chapelle des Lazaristes. Eugénie y entre et se trouve seule en présence de son Dieu. A cette prière intérieure : « Que faut-il que je fasse ?... » elle entend intérieurement cette réponse : « Retourne chez Mme *** ». Elle obéit à cet avertissement. La dame venait de rentrer ; elle reçoit immédiatement la visiteuse, qui la trouve tenant entre ses bras un enfant dont elle s'occupait avec un soin tout maternel. C'était une orpheline qu'elle avait adoptée.

« Bonjour, Madame ; asseyez-vous là, et dites-moi votre histoire. » Elle écoute attentivement. Tout en causant, elle cherchait à endormir sa petite protégée qui poussait des cris perçants. Mme *** chantait, agitait le berceau ; quand son interlocutrice eut fini, elle lui dit : « Mon enfant, vous pourrez compter sur moi ». — « Madame, que dois-je faire ? » — « N'avez

d*

vous pas entendu que Notre-Seigneur m'inspire de vous dire de compter sur moi ? » Puis, après un instant de réflexion : « Tenez, mon enfant, le 31 décembre, je venais d'assurer les étrennes des pauvres et me réjouissais devant Notre-Seigneur, après la sainte communion, de penser que les déshérités de ce monde béniraient aussi Dieu en ce jour de réjouissance publique, lorsque à cette joie intime succéda une pensée triste. Demain, tous se réjouiront, il n'y aura que les âmes du Purgatoire qui seront privées d'étrennes. Mais comment leur en procurer ? me demandais-je. Par quels moyens ?... Et il me fut répondu intérieurement : Par cent messes.

« Après avoir donné cent francs à cette intention, le lendemain 1ᵉʳ janvier, je me sentis tout à coup réveillée à cinq heures du matin et j'entendis dans mon cœur : « Applique les messes ». Cette offrande faite, je me sentis pénétrée d'une extrême douceur, et commençant à penser qu'il devait y avoir quelque chose de Dieu dans la persistance de cette pensée des âmes souffrantes, je m'écriai à demi-voix, sans m'en rendre compte : Mais qu'est-ce donc que cette pensée des âmes du Purgatoire ? — C'est une *Œuvre*, me fut-il répondu intérieurement... Ne soyez donc pas étonnée, termina Mᵐᵉ X..., si je vous dis que Notre-Seigneur veut que vous comptiez sur moi. »

L'*Œuvre* était, en effet, dès ce moment fondée,

puisque les ressources indispensables lui étaient assurées, du moins pour ses débuts. Eugénie, en quête d'une maison, en trouva une à sa convenance, dans la rue Barouillère, entre la rue de Sèvres et la rue du Cherche-Midi. C'est un quartier assez tranquille, retiré, et l'espace ne manquait pas pour s'agrandir. Le prix était fort élevé ; mais la générosité de Mme X... fit disparaître toutes les difficultés.

Avant de s'installer dans cette résidence, la pauvre communauté avait passé par les rudes épreuves de la pauvreté. Une chaise et deux bancs de bois, des lits qu'on était obligé de plier le jour pour se mouvoir constituaient tout le mobilier. Quant au vestiaire, les plus belles pièces étaient des châles qui servaient la nuit de couvertures et que l'on se prêtait fraternellement le jour, car il n'y en avait pas assez pour tout le monde. Un matin, la domestique refusa d'aller au marché, n'ayant qu'une pièce de cinq centimes pour se procurer des provisions. Les Sœurs se mettent en prières et demandent à saint Joseph de leur envoyer deux cents francs. La journée se passa, et saint Joseph faisait la sourde oreille. Le soir, Eugénie alla voir sa bienfaitrice ordinaire, mais sans lui parler de son dénuement. En la reconduisant à la fin de la visite, Mme*** se mit à genoux devant une statue du saint qui décorait son salon, et en se relevant elle lui dit : « J'ai reçu l'inspiration de vous donner deux cents francs ». Les traits de ce genre abondent dans la vie de la fondatrice des religieuses auxiliatrices du Purgatoire. Aussi un de ses directeurs l'appelait-il l'enfant gâtée, et quelquefois volontaire, du bon Dieu. On ne s'étonnera pas que, lorsque l'institution fut établie, elle prît le nom de Marie de la Providence. Ce fut le 25 mars 1858 que S. E. Mgr le cardinal Morlot reçut les vœux perpétuels des nouvelles religieuses. Les premières Auxiliatrices étaient au nombre de cinq.

Nous n'ajouterons qu'un mot pour essayer de peindre cette femme admirable. Elle disait quelquefois :

« Parmi toutes les choses qui n'offensent pas Dieu, il en est cinq que j'ai redoutées entre toutes :

— Quitter ma famille ;

— Fonder une communauté ;

— N'avoir pas, pour l'entretien de mes filles, le nécessaire assuré ;

— Contracter des dettes ;

— Etre atteinte d'un cancer... »

Elle ajoutait : « Eh bien ! *grâce à Dieu*, ces cinq choses me sont arrivées ».

Marie de la Providence avait redouté ces cinq choses ; elle n'avait pas demandé d'en être préservée.

Elle mourut, le 7 février 1871, presque immédiatement après avoir reçu une dernière absolution du R. P. Olivaint, le futur martyr de la Commune.

Elle avait demandé cette grâce à son Dieu.

II

L'institut des religieuses Auxiliatrices du Purgatoire compte aujourd'hui deux cents membres répartis entre dix maisons, dont deux à Paris et les autres à Nantes, Orléans, Cannes, Tourcoing, Londres, Bruxelles, Chang-Haï et Zi-Ka-Wei en Chine. Le plus récent et probablement le plus pauvre de ces établissements est celui qui a été ouvert à Montmartre dans le mois d'octobre 1877. Ce n'est pas une témérité de prédire qu'avec le temps cette petite communauté pourra transformer tout le quartier.

Il faut savoir que les Auxiliatrices n'ont pas de costume religieux ; elles portent des vêtements de deuil, peu élégants à la vérité, et qui ne sont pas précisément coupés d'après la dernière mode. Ce vulgaire accoutrement leur facilite l'accès d'une foule de maisons où la cornette et la guimpe causeraient, grâce au progrès des lumières et de la civilisation, un véritable effroi. Singulier pays, étrange siècle, qui forcent les religieuses à se déguiser en femmes du monde pour leur permettre de faire le bien ! Leurs archives racontent qu'une de leurs premières visites de charité — elles n'en font pas d'autres — fut pour une vieille entêtée qui commença par déclarer qu'elle avait en horreur les prêtres et les religieuses (ce qui ne l'empêcha pas plus tard de se convertir). Parole aussi aimable que judicieuse, qui confirma la fondatrice dans sa pensée première de ne point accuser par des signes extérieurs l'austère profession des Auxiliatrices. Cette leçon de prudence ne fut pas perdue pour Marie de la Providence, si pleine pourtant de confiance et d'audace.

Cette colline de Montmartre qui domine Paris et au sommet de laquelle s'élève un temple dont l'achèvement coïncidera, nous l'espérons, avec le commencement d'une ère plus heureuse, est vraiment prédestinée d'en haut. C'est là que souffrirent le martyre, aux premiers temps de la prédication évangélique dans notre patrie, saint Denys et ses deux compagnons, saint Rustique et saint Eleuthère. L'endroit où s'accomplit cette triple immolation fut longtemps un lieu de pèlerinage. Sainte Geneviève y avait établi, dès le cinquième siècle, un modeste oratoire, qui fut depuis restauré et agrandi sous Louis le Gros.

Les rois et les évêques, les saints, les fondateurs d'Ordre vinrent se prosterner dans le sanctuaire qu'avait érigé la bergère de Nanterre et baiser avec respect la terre qui avait bu le sang des martyrs.

Sainte Clotilde y remercia Dieu de la conversion de son époux ; saint Cloud vint y prier pour les meurtriers de ses frères ; saint Bernard y implora l'appui céleste pour la seconde croisade ; saint Thomas Becket s'y prépara au martyre ; Henri IV, le jour même de son abjuration, inaugura dans cette grotte sacrée son règne réparateur ; Marie de Médicis y amena toute sa cour après qu'on eut découvert la crypte et l'autel, enfouis pendant de longs siècles, où le premier évêque de Paris avait sans doute offert les saints mystères.

Un peu plus tard, le cardinal de Bérulle, saint François de Sales, saint Vincent de Paul, M. Olier, fondateur de la congrégation de Saint-Sulpice, le vénérable P. Eudes, y mettent sous la protection de l'apôtre de la France les ordres et les œuvres qui ont rendu leurs noms immortels; Mme Acarie y offre les prémices du Carmel français. Depuis 1135, ce sanctuaire dépendait de l'abbaye bénédictine de Montmartre, dont les bâtiments claustraux couvraient, à la fin du siècle dernier, les terrains du voisinage. C'est sans doute en ce lieu plein de tant d'austères enseignements que la dernière abbesse, de l'illustre maison de Montmorency-Laval, et ses quinze compagnes avaient puisé le courage dont elles firent preuve en montant sur l'échafaud dressé sur la place du Trône, quelques jours avant le 9 thermidor.

A cette époque néfaste, cette terre plusieurs fois consacrée étant devenue la proie des convoitises révolutionnaires, l'antique abbaye fut rasée jusqu'au sol ; l'aspect des lieux devint méconnaissable et la foule des fidèles désapprit le chemin du sanctuaire. Cet état de choses dura jusqu'en 1870. Durant le siège, alors que l'ennemi menaçait la capitale des derniers malheurs, M. l'abbé Lerebours, depuis curé de la Madeleine . eut l'heureuse idée de rétablir le pèlerinage. On fit une installation provisoire, et la première messe fut dite dans la chapelle restaurée, le 3 janvier 1871, fête de sainte Geneviève. Ainsi, au moment même où la fondatrice des Auxiliatrices du Purgatoire, usée par la fatigue, brisée par les douleurs, était sur le point de laisser sa communauté orpheline, la Providence, pour laquelle elle avait toujours professé un culte spécial, ménageait à ses filles un nouvel abri. En effet, peu d'années après, le curé de la Madeleine et les RR. PP. Jésuites, devenus propriétaires du terrain, en firent don à ces religieuses, qui en prirent possession le 9 octobre 1877.

Un souvenir rendait cet emplacement particulièrement cher aux religieux de la Compagnie de Jésus ; car c'est là que leur institut prit en quelque sorte naissance. Le 15 août 1554, Ignace de Loyola et ses six compagnons, François Xavier et les autres, s'y engagèrent par des vœux de religion. La chapelle du martyre contenait jusqu'à l'époque de la

Révolution des inscriptions relatant cet acte mémorable.

Disons un mot de la disposition actuelle des lieux.

Quand on commence à gravir les hauteurs de Montmartre, on rencontre sur sa gauche la rue Antoinette qui se dirige vers le cimetière. Au numéro 9 de cette rue, une petite porte sans caractère donne accès à un escalier en bois qui conduit dans une cour située en contre-bas. Au fond de cette cour se trouve une maison qu'on vient d'approprier pour servir d'habitation aux quatre religieuses de chœur et aux quatre Sœurs coadjutrices qui forment tout le personnel actuel du nouveau couvent. Le long d'un des côtés se dresse un bâtiment de très modeste apparence, ne comportant qu'un rez-de-chaussée et renfermant le parloir et la chapelle. Une large porte à deux battants met en communication le premier et la seconde, qui se trouve ainsi agrandie suffisamment pour recevoir, le dimanche, les habitants du quartier, en assez petit nombre, hélas ! qui tiennent à entendre la messe sans se donner la peine de monter jusqu'à la paroisse Saint-Pierre La chapelle, convenablement décorée, est, comme nous venons de le dire, tout imprégnée de souvenirs. En y pénétrant, on s'imagine voir surgir du sol tant de grands et saints personnages qui ont souffert et prié en ce lieu.

La population de Montmartre n'est point foncièrement hostile à la religion ni au clergé (1) ; elle est
ignorante et indifférente. Pour plusieurs de ces braves
gens, le Salut qui suit les Vêpres, c'est la messe du
soir, et cette messe-là vaut bien celle du matin. Du
reste, on se passe aisément de l'une et de l'autre.
Pourtant, depuis que les Sœurs sont installées dans
le quartier, leur oratoire, le dimanche, à l'heure des
offices, est toujours rempli. Elles ont été parfaitement
accueillies par les habitants, surtout par les habitants
pauvres. Elles leur apportent en effet, quand ils sont
malades, des secours, des soins, des tendresses, des
consolations et, par-dessus le marché, si cette expression ne paraît pas irrévérencieuse, le Dieu de toute
tendresse et de toute consolation. Elles ont eu déjà
la joie d'opérer plusieurs conversions. Une de ces
conversions mérite, par les circonstances dont elle
a été entourée, une mention particulière.

Un ménage d'origine allemande souffrait des
étreintes de la misère. Le mari catholique et la
femme protestante s'étaient engagés, en s'unissant, à
ne faire l'un sur l'autre aucune tentative de prosélytisme ; les enfants étaient élevés dans la religion
catholique. La mère tombe malade. Le pasteur pro-

(1) On nous affirme cependant que, sur dix enterrements, il
y en a un civil ; un cadavre s'achète au prix de deux cents
francs. C'est coté comme à la Bourse.

testant, sûr de l'attachement de cette femme à sa secte, ne trouve rien de mieux à faire, pour lui procurer du pain, que de la recommander à la charité d'un zélé catholique, et celui-ci s'empresse de la remettre entre les mains des religieuses Auxiliatrices. Une Sœur la visite assidûment et ne tarde pas à gagner sa confiance par sa charité compatissante et son extrême réserve en matière de religion. La malade était de près surveillée des diaconesses protestantes, qui avaient principalement à cœur de la tenir en garde contre les prétendues manœuvres de la religieuse catholique. La pauvre femme put saisir ainsi sur le vif la différence entre un zèle faux et inquiet et la charité qui se fie surtout en Dieu. Un jour, elle ouvre son cœur à l'Auxiliatrice, et lui révèle qu'elle avait autrefois promis à un prêtre de son pays de se faire catholique. Après cette confidence, l'abjuration ne devait pas être bien difficile à obtenir. La malade se fit instruire et déclara sa résolution d'embrasser le catholicisme. Vous jugez du désappointement de la diaconesse ; on la congédia poliment. La nouvelle convertie témoigna sa gratitude envers la Sœur d'une manière dont j'admire la délicatesse. Quand il fut question de la baptiser sous condition, celle-ci lui dit : «Nous sommes dans le mois consacré à saint Joseph, vous prendrez le nom de Joséphine. — Non, ma Sœur, répondit la malade d'un ton décidé. Je prendrai un autre nom. — Et lequel ?» — La malade ne répondit pas. Quelques jours plus tard, le prêtre insista dans le même sens, et alors cette bonne femme lui déclara qu'elle voulait prendre le nom de la Sœur, afin de s'identifier en quelque sorte avec celle qui avait été pour elle une seconde mère. Pour ménager sa modestie, elle n'avait pas voulu s'en ouvrir à elle-même. L'affaire fut facile à arranger ; on lui donna au baptême les deux noms.

La nouvelle association obéit, nous l'avons vu, à une inspiration sublime : ses membres se dépouillent spirituellement, autant qu'il est possible, en faveur des âmes qui expient dans le monde invisible les restes des fautes commises, mais pardonnées dans celui-ci. Gardez-vous de croire que cette abnégation héroïque les absorbe au point de les rendre insensibles aux misères de l'humanité militante. Loin de là, elles se vouent avec une ardeur que rien ne peut lasser, à tout ce que l'Eglise, dans son maternel langage, appelle les œuvres de miséricorde spirituelles ou corporelles : vêtir ceux qui sont nus, rassasier ceux qui ont faim, instruire les ignorants, et le reste. A ce titre, les Auxiliatrices participent à la fois des ordres contemplatifs et des ordres actifs. Le secret de cette union consiste dans l'offrande qu'elles font de toutes leurs œuvres pour la fin spéciale qu'elles se sont proposée, en entrant dans l'institut.. Nulle œuvre de charité ne leur est donc étrangère. Il m'a semblé qu'elles affectionnaient particulièrement celle qui consiste à enseigner le catéchisme aux pauvres enfants abandonnés. L'occasion s'en présente fréquemment à Paris. Apprendre à de frêles créatures bercées dans l'ignorance et qui coudoient le vice, qu'il y a un Dieu qui les voit et qui les jugera, que leur conscience ne relève que de ce maître, qu'il faut pratiquer le bien coûte que coûte, et fuir le mal, quelle rude tâche ! mais quelle noble mission !

Elles ne se bornent pas à enseigner les éléments de la religion. Une école professionnelle, située dans leur principal établissement de la rue Barouillère, renferme 160 jeunes filles auxquelles des maitresses habiles et bien payées apprennent une foule de métiers. De cette école sortent d'habiles et honnêtes ouvrières. C'est assurément une des premières écoles de ce genre qui existent dans Paris. Un des principaux chefs de l'enseignement primaire, en ayant ouï parler, la visita, sans se faire connaître, en compagnie d'un inspecteur officiel. Il fut émerveillé de ce qu'il avait vu, et ce libre penseur, que nous pourrions nommer, ne put s'empêcher de dire en sortant : « Il n'y a que des religieuses qui puissent faire aussi bien ». Le propos est textuel et authentique.

Dieu a fait le dévouement saintement contagieux. Vous ne vous étonnerez donc pas d'apprendre qu'à côté des religieuses proprement dites, liées par des

vœux, il s'est groupé un nombre assez considérable
de femmes du monde qui, sous le titre d'associées,
prennent part , dans la mesure du possible, aux œuvres et s'inspirent de l'esprit de la congrégation. La
mort efface toutes les distinctions, rapproche tous les
rangs. On a beau être une grande dame, quand l'ange
du Seigneur a touché de son doigt un être qui vous
est cher, on ne se souvient plus qu'on est duchesse; on
se rappelle seulement qu'on est mère, fille, épouse ;
dans ces cruelles conjonctures, on éprouve une réelle
consolation à offrir tous les trésors de son âme à ceux
que l'on ne peut plus voir, mais que l'on peut toujours aimer. Les dames associées, dont quelques-unes
sont de la plus haute distinction, récitent les vêpres
de l'office des morts ; elles assistent une fois chaque
mois à la messe célébrée dans la chapelle de la communauté pour leurs parents défunts. Le lundi, elles
se réunissent dans une salle, où elles se livrent à
différents travaux manuels pour les pauvres, pendant
qu'une religieuse fait à haute voix une lecture ou
une méditation. Cette association ne comprenait, au
début, le 21 mars 1859, que vingt-huit membres ;
aujourd'hui elle en compte plus de deux cents à Paris,
seulement.

Indépendamment des « dames » plus étroitement
associées, il est aussi des « membres honoraires »,
qu'un simple lien spirituel unit à l'institut et qui,
moyennant une légère offrande, quelques prières et

quelques intentions, font partie de cette admirable société. Une notice que nous avons sous les yeux n'évalue pas à moins de 400 messes et de 9,000 communions par mois le trésor ouvert aux parents défunts des membres honoraires et à ceux-ci après leur mort.

Tel est, en résumé, le tableau de cette association récemment formée et qui mérite, à coup sûr, la respecteueuse et efficace sympathie des véritables philanthropes.

Résumons en peu de mots les derniers renseigne-ments que nous avons recueillis.

A l'heure actuelle, le petit couvent de Montmartre comprend cinq mères et trois sœurs. A l'œuvre fon-damentale de la visite des malades qui continue à pro-curer des consolations, on a joint récemment un petit patronage d'enfants; une cinquantaine de fillettes viennent s'y récréer deux fois par semaine, assistent à la messe le dimanche et suivent des leçons de caté-chisme d'autant plus précieuses qu'elles sont rares dans le quartier. L'exiguïté du local empêche seule les progrès, que rendraient faciles la sympathie de la population et la bienveillance des autorités locales.

Quant à l'école professionnelle de la rue de la Barouillère, elle est en voie de prospérité et d'accrois-

sement. Deux cents jeunes filles y sont régulièrement inscrites, et leur conduite donne toute satisfaction. On se réjouit d'apprendre que les anciennes
élèves n'oublient pas le chemin de la maison.

La congrégation elle-même s'est développée à
l'étranger. Indépendamment de six maisons en
France, deux à Paris, quatre à Nantes, Orléans,
Cannes et Tourcoing, elle possède six établissements,
dont deux en Chine (la nouvelle création de Chang-
Haï étant surtout destinée aux Européens), une à
Turin, une à Bruxelles, une à Liège, une à Londres
et une à Jersey. Tous ces pays ont fourni des
recrues indigènes, mais les Françaises continuent à
dominer.

L'HOSPITALITÉ DE NUIT

L'HOSPITALITÉ DE NUIT.

I

Un ouvrier expulsé de son domicile, pour n'avoir pas payé son terme, et qui ne trouve pas où se loger, parce qu'il est chargé d'enfants — ce qui, dans le temps d'égoïsme et de corruption où nous vivons , équivaùt à une malédiction sociale — un petit employé de commerce que la ruine subite de son patron jette sur le pavé ; la victime d'un incendie, d'une inondation, un provincial, un étranger venus à Paris dans l'espoir trompeur de faire fortune et épuisant leurs ressources dans quelques jours de recherches infructueuses : voilà des personnes qui se trouveront, un soir, perdues dans cette immense ville de Paris, et qui ne sauront où passer la nuit. Iront-ils frapper à la porte de quelque garni équivoque et infect ? Ils y trouveront assurément un abri, s'ils ont quelques pièces de monnaie à dépenser. Mais quel refuge ! quelles excitations malsaines ! quelles tentations ! quel piège peut-être pour leur honneur et leur vertu ! Et, d'ailleurs, s'ils ne possèdent pas cette monnaie indispensable, on leur fermera sans façon la porte sur le nez. Où iront-ils alors ? et que deviendront-ils ? Battront-ils le pavé pour se tenir éveillés pendant les longues heures de la nuit ?

Après cet exercice fatigant, de quel effort seront-ils capables le matin ? Seront-ils en état de travailler, de chercher au moins de l'ouvrage ? Auront-ils le minimum de vigueur physique, de courage moral dont on a besoin pour faire la moindre démarche, pour se présenter, se faire valoir, se posséder, lutter contre les difficultés de la vie ? Que s'ils succombent au sommeil, la police est là qui les ramasse et les pousse au *violon*, où ils sont confondus avec la lie des grandes cités, sans parler de la condamnation infaillible qui les attend, comme coupables du délit de vagabondage. Qu'un homme soit pourvu, ou plutôt chargé d'un casier judiciaire, cela suffit souvent pour l'entraîner dans la voie dangereuse, dans la mauvaise voie.

Qu'il est dur, quand toute la journée a été consumée en labeurs stériles, de n'avoir pas un asile où reposer ses membres fatigués, où mettre un terme, par l'oubli que donne le sommeil, aux préoccupations et aux soucis ! Qu'il est doux, au contraire, de pouvoir goûter un repos réparateur qui permette de reprendre le lendemain avec ardeur la tâche interrompue ! *Grata quies mortalibus ægris !*

C'est donc une œuvre d'une excellente philanthropie que de procurer aux malheureux l'hospitalité de quelques nuits, principalement dans les grands centres de population où l'étranger se trouve complètement dépaysé. Cette œuvre existe depuis longtemps à Rome, foyer de la charité catholique, c'est-à-dire universelle. Marseille possède aussi une maison de ce genre. Il y a cinq ans seulement que Paris est à la hauteur de Rome et de Marseille.

C'est à un prêtre zélé, M. l'abbé Ardouin, actuellement vicaire à Levallois-Perret, près Paris, qu'appartient, nous a-t-on dit, la première idée de cette belle et touchante création. Mais un homme seul, sans fortune, et dont le temps était pris par les occupations du ministère, ne pouvait mener à bonne fin cette entreprise. L'association, qui fait des merveilles pour le bien comme pour le mal, fut la cheville ouvrière ; des appels à la générosité du public, qui est très charitable en France et a le goût instinctif des œuvres collectives, joint à un sentiment profond de la solidarité, procurèrent les fonds nécessaires. Le 2 juin 1878, on put ouvrir dans la rue Tocqueville, au numéro 59, le premier asile nocturne parisien. Nous lisons dans un rapport que l'inauguration se fit sans bruit, en famille. On commençait avec un matériel de vingt lits, des lits complets, s'il vous plaît, avec matelas de varech, draps en toile et couvertures de laine. A la vérité, il y manquait des édredons. Mais aux approches de la canicule, on peut à la rigueur se passer de cé supplément de confortable, et, pour parler franc, on y renoncera toujours, ainsi qu'aux descentes de lit et autres menus et luxueux accessoires.

Le bruit de cette nouveauté ne tarda pas à se répandre dans le quartier et au delà. Le premier jour, trois hôtes se présentaient ; les jours suivants, ils étaient 7, 18, 37. Un problème se posait tout d'abord. Comment faire coucher 37 personnes dans un dortoir ne contenant que 20 lits? Offrir une couchette à deux personnes, il n'y fallait pas songer. Mille motifs de propreté, d'hygiène, de décence s'y opposaient.

Le cas était embarrassant, d'autant plus embarrassant que la caisse était vide. On avait beau compter sur ses doigts, on se trouvait toujours en présence d'un déficit de 17 lits. Que fit le conseil ? Il vota tout simplement l'achat de 20 lits. On débutait ainsi par une dette, détestable procédé d'administration quand il s'agit d'opérations financières, mais qui réussit

parfois quand on s'occupe de bienfaisance, parce
que, dans ce dernier cas, on peut tabler sur un fonds
qui ne manque guère, le fonds de la générosité
publique.

Donc, par cette mesure aussi sage que hardie, on
était en avance de trois lits. Mais bast ! cette avance
fut bientôt dépassée et de beaucoup ; le 13 août, on
logeait 70 hommes. Il fallait faire un nouvel effort,
et 40 nouveaux lits furent installés dans un second
dortoir, au premier étage, ce qui portait le nombre
total des lits au chiffre de 80, lesquels furent assiégés
le 28 octobre par 105 malheureux.

Et le flot montait toujours !

Aujourd'hui il existe trois dortoirs contenant 113
lits. Plusieurs demeurent inoccupés durant la belle
saison, lorsque les nuits sont courtes et chaudes.
Mais l'hiver, le nombre des malheureux qui se présentent dépasse souvent deux cents. Pour pouvoir
accorder un refuge à tous ces postulants contre la bise
et la neige qui font rage au dehors, on n'a d'autres
ressources que d'étendre par terre, sur le plancher, sur
des bancs, des tables, partout où il y a place, des
matelas avec l'indispensable pour passer la nuit. On
utilise les plus petits recoins, et le gérant va jusqu'à
céder son propre bureau. Il y a aussi un certain
nombre de lits de camp où les survenants de la der-

nière heure sont trop heureux de pouvoir s'étendre à loisir. La couche est un peu dure, mais on y est chaudement et à l'abri.

Un mot sur le but général et l'esprit de l'œuvre. Elle n'est pas précisément cléricale, dans le sens étroit et exclusif que l'on donne quelquefois à ce mot, elle est humanitaire avec un certain caractère religieux. Deux articles des statuts fournissent l'explication du fait.

L'œuvre de l'hospitalité a pour but :

1° D'offrir un abri *gratuit* et *temporaire* pour la nuit aux hommes sans asile, sans distinction d'âge, de *nationalité* ou de *religion*, à la seule condition qu'ils observent, sous peine d'expulsion immédiate, les mesures de moralité et d'hygiène prescrites par le règlement intérieur ;

2° De soulager leurs misères physiques ou morales dans la mesure du possible.

Il est clair qu'on ne peut pas demander un billet de confession, ni même un certificat de baptême aux pauvres hères qui se présentent le soir pour passer la nuit. Quand on soulage un mendiant dans la rue, le fait-on ? Les Sœurs de la Charité et les Messieurs de Saint-Vincent de Paul, lorsqu'ils visitent les pauvres dans leurs mansardes, se livrent-ils à cette inquisition ? Nullement. Mais l'institution a le droit non seulement de poser des conditions d'ordre et de morale générale, mais encore de faire connaître les principes supérieurs au nom desquels elle agit ; or elle use de ce droit, avec une grande discrétion, une discrétion que d'aucuns pourraient trouver excessive, mais enfin elle en use.

Tout d'abord je remarque que chaque dortoir porte un nom de saint. Les trois dortoirs de la rue Tocqueville sont désignés par les noms de Saint-Vincent-de Paul , Saint-Joseph , et de Saint-Labre. Puis, dans chaque dortoir , à l'endroit le plus apparent, est suspendu un crucifix. Enfin une prière est récitée chaque soir, avant le coucher, par le gérant lui-même ou un membre de l'administration, et tous ceux des hôtes qui y assistent sont tenus de se tenir debout ou à genoux, découverts et dans une attitude respectueuse. L'assistance à la prière n'est pas obligatoire ; mais comme tout le monde doit être réuni pour entendre la lecture du règlement, laquelle précède immédiatement la prière, il est excessivement rare que quelques personnes s'éloignent en ce moment. Toutefois, si un individu professant un culte différent ou n'en professant aucun quittait simplement la salle, en s'abstenant de toute marque de mépris, on ne lui en saurait aucun mauvais gré, et il aurait part, comme les autres, à l'attention et aux égards des surveillants de l'établissement.

e*

II

L'établissement de la rue de Tocqueville consiste
en un parallélogramme de bâtiments, d'un aspect très
primitif, qui s'élèvent autour d'une cour pavée. On
y pénètre par un large portail, à l'entrée duquel se
tient le concierge, qui remplit en même temps l'office
de surveillant. L'aile gauche est occupée par le
gérant, capitaine retraité, qui porte fièrement sur
sa redingote blanche le ruban rouge. Cet insigne de
l'honneur produit un merveilleux effet sur les hôtes
de la maison : Voilà un brave, se disent-ils, et un dur
à cuire ! La vaillance est ce qui impose le plus à
l'homme, elle lui révèle, comme le mot l'indique, la
véritable valeur morale. Le capitaine Gautier —
nous croyons que tel est son nom — a une mine qui
commande tout d'abord la confiance et le respect.
La franchise de son regard, la rondeur de son langage vous mettent tout de suite à l'aise avec lui. Il
accueille volontiers les visiteurs et leur fait galam-
ment les honneurs de son petit royaume. On sent
qu'il s'y plaît, entouré de sa famille et de ces pauvres
diables qui constituent pour lui comme une seconde
famille dont les membres se renouvellent incessam-
ment.

A côté du bureau où le gérant se tient en permanence, je visite d'abord le parloir ; les hommes s'y réunissent en attendant l'heure du coucher. Une grande table ovale en occupe le centre, quelques bancs de bois complètent le mobilier. On ne peut rêver rien de plus simple et de plus grossier. Ces pauvres gens s'y installent pourtant avec délices : ils n'y respirent aucune vapeur méphitique, n'y entendent aucune parole violente ou obscène, n'y voient que des visages amis. Sur cette table, ils trouvent ce qu'il faut pour écrire. L'administrateur leur fournit gratuitement un timbre-poste, pour communiquer avec leur famille. Une petite bibliothèque renferme quelques ouvrages pour remplir leurs heures d'attente. J'y ai remarqué une *Vie des saints*, laquelle n'est pas très feuilletée, et quelques historiettes destinées aux enfants, dont ils font leur pâture habituelle. Ne sont-ils pas, pour la plupart, de grands enfants ? Comme plusieurs d'entre eux ne se présentent pas toujours avec une toilette irréprochable, on a ménagé auprès du parloir une chambre de soufrage où l'on débarrasse les vêtements suspects des petits hôtes qui y ont élu domicile. C'est une opération lestement poussée.

De l'autre côté de la cour se présente le local où les pensionnaires peuvent se nettoyer eux-mêmes. En y entrant, la première chose qu'on aperçoit, c'est qu'on n'aperçoit absolument rien ; mais en y regardant de plus près, on remarque que tout le nécessaire s'y trouve. Voilà d'abord quatre ou cinq baquets où se font les ablutions. Jetez les yeux en haut ; deux grandes pièces de toile sans fin tournent autour d'un morceau de bois et permettent à une multitude de mains de se débarrasser de leur superflu désagréable. Approchez-vous : l'étoffe n'est pas précisément aussi fine que de la batiste ; mais elle enlève d'autant mieux la poussière. Cet appareil grandiose a été imaginé pour empêcher la soustraction des serviettes isolées. Les pains de savon aussi disparaissaient ; on y a substitué avec avantage un savon liquide d'une belle couleur d'or et d'une mine tout à fait réjouissante, mais qu'on ne peut pas mettre dans sa poche. L'établissement prête enfin des rasoirs pour les barbes incultes. Ces précieux outils déménagent parfois et on en perd complètement la trace. Cet inconvénient n'a pu jusqu'ici être évité. A la suite du lavabo se trouvent le vestiaire et le magasin de dépôt. La vue du premier inspire une sorte d'admiration, à cause du merveilleux parti qu'une administration intelligente et dévouée a su tirer d'éléments primitivement aussi imparfaits ! Ce sont, pour la plupart, des effets de rebut abandonnés gratuitement. L'ensemble de cette vieille défroque valait, dans l'état, à peine quelques pièces de cent sous. Eh bien ! tout cela a été nettoyé, blanchi, raccommodé, rapiécé, et a pris, par suite, un aspect des plus présentables. Il y a de tout dans ce bazar : paletots, pantalons, chemises, tricots, chaussettes, souliers et bottines s'y sont donné un fraternel rendez-vous et se font mutuellement va. loir ; il s'y trouve jusqu'à des cravates et des faux-cols. Le faux-cols joue un rôle capital dans la toilette d'un pensionnaire de l'établissement. Je parle, bien entendu, de la toilette d'étiquette, de celle qui s'impose à quiconque a des démarches à faire pour se procurer un emploi. Avec un habit soigneusement boutonné on dissimule l'indigence du vêtement q ie les civilisés appellent indispensable, mais dont les déshérités, hélas ! quelquefois se passent, de la *chemise* (puisqu'il faut l'appeler par son nom). Un chapeau de haute forme ou de demi-haute forme achève de donner un air tout à fait vainqueur. Mais si le cou n'est pas encadré par ce petit liseré blanc qui doit dominer la cravate, vous aurez beau porter sur vous un *complet* des plus convenables, vous aurez l'air d'un *voyou*. Le faux-col d'une propreté non douteuse sauve la situation. Il y en a toujours plusieurs de rechange dans le vestiaire.

Le dépôt renferme les petits paquets que la plupart des hôtes passagers de cette demeure apportent avec eux. Ne regardez pas avec dédain ces modestes débris d'une aisance perdue, un fripier n'en donnerait pas grand'chose, mais qu'ils sont précieux pour le pauvre ! c'est le souvenir du passé et l'espoir de l'avenir ; c'est la planche de salut du malheureux près de se noyer. Aussi ces chères reliques sont-elles classées, étiquetées, gardées avec un soin vigilant.

Reste à visiter les dortoirs. Ils sont naturellement d'une grande pauvreté, mais d'une extrême propreté. Toutefois les draps ne sont renouvelés qu'une fois par quinzaine en hiver, par semaine en été ; ils servent donc habituellement à plusieurs personnes tour à tour. Si cet usage multiple répugne à votre délicatesse, songez qu'on n'en agit pas autrement dans la plupart des garnis destinés aux ouvriers. Pour faire autrement, il faudrait beaucoup d'argent. Si vous voulez le donner à l'administration avec une affectation spéciale, elle le recevra avec reconnaissance. Au surplus, si l'un des coucheurs a sali son lit, il est immédiatement expulsé et les draps sont renouvelés. Ajoutons que la plupart des lits portent sur une étiquette le nom du fondateur. On acquiert cet honneur et ce titre moyennant la somme de deux cents francs une fois donnée.

III

Maintenant que vous connaissez la forme extérieure
de l'établissement, voulez-vous assister à son fonc-
tionnement et, après avoir examiné le corps, étudier
l'âme ? Les portes sont et demeurent ouvertes de
7 heures à 9 heures du soir. Les nouveaux arrivants
se font inscrire au bureau ; ils donnent leur nom
avec quelque petit bout de papier qui constate leur
identité. Le premier jour, on ne se montre pas
difficile pour l'admission ; mais, les jours suivants, ils ne sont reçus qu'à la condition de
présenter des pièces bien en règle. Toutefois une
grande discrétion préside à cet interrogatoire som-
maire. Il s'agit de remplir un registre d'auberge,
inspecté par la police, voilà tout. Nulle question
n'est faite sur la religion, sur les antécédents, sur les
projets d'avenir du client. Cette formalité remplie,
on descend dans la cour ou au parloir. Quelques-
uns, poussés par cette affinité secrète qui rapproche
les malheureux, se forment en groupes ; d'autres,
retenus peut-être par quelque pudeur secrète, se
tiennent à l'écart.

L'heure du coucher a sonné. Un surveillant appelle tout le monde au dortoir. La chose se fait en quelque sorte militairement : les habitués donnent l'exemple aux nouveaux venus. Tout le monde a pris place sur des bancs. Le gérant fait alors son entrée, monte sur une estrade, s'assied devant une table et impose silence. Puis il adresse la parole à l'assemblée : « Messieurs ! » dit-il. Ce titre d'honneur flatte singulièrement ces braves gens. Ils en concluent qu'on les traite avec considération, et leur sentiment de dignité personnelle s'en accroît. Le mot est, d'ailleurs, passé dans les mœurs aristocratiques de la démocratie contemporaine. Tout le monde veut être Monsieur ! Soit ! qu'on reçoive cette appellation, pourvu qu'on agisse en conséquence.

Après quelques mots de bienvenue, le gérant donne lecture du règlement, qui est fort court et qui roule presque exclusivement sur des prescriptions de moralité, d'hygiène et de discipline. Puis il annonce que, conformément aux habitudes de la maison, il va réciter la prière. Il a soin de prévenir que l'assistance à cette prière n'est pas obligatoire : ceux qui s'en dispensent sont aussi bien traités que les autres. On insiste sur cette liberté absolue, on insiste beaucoup, peut-être un peu trop, presque comme si cette pratique religieuse était en soi chose indifférente. Tout en s'abstenant d'exercer la moindre pression sur ces infortunés, ne serait-il pas bon d'affirmer nettement Dieu en leur présence, sans commentaire, bien entendu, et sans sermon ? Quoi qu'il en soit, le gérant se tourne du côté du crucifix et se met à genoux ; tout le monde l'imite, en s'inclinant sur les bancs ; il fait le signe de la croix, la plupart font le signe de la croix. La prière consiste en un *Pater*, un *Ave* et une invocation à saint Joseph, à saint Vincent de Paul, à saint Labre. Et c'est tout. Le gérant adresse alors quelques courtes recommandations, désigne les personnes qui doivent le lendemain faire le service de propreté et d'assainissement, et termine en prononçant à voix haute ces simples paroles : « Bonsoir, mes amis ! » L'assemblée répète en chœur : « Bonsoir ! »

Quelquefois un visiteur est invité à prendre la parole. Il le fait d'une manière sobre et discrète. De longs discours, des considérations relevées ne conviendraient pas à des gens fatigués qui soupirent après le repos, et dont toutes les préoccupations sont concentrées sur le pain très hypothétique du lendemain.

On est toujours écouté avec respect, et plus d'un visage s'éclaire des rayons de la reconnaissance. Beaucoup de ces pauvres gens entendent alors, pour la première fois depuis longtemps, une parole affectueuse et fortifiante. C'est pour eux souvent comme une révélation. Leur âme, fermée pendant de longues années aux saines influences, à la pensée du bien, du beau moral, de l'idéal, du devoir, de la Divinité, s'ouvre avec bonheur comme une fleur qui s'épanouit sous la rosée du matin. Il y a presque toujours une certaine force morale qui sommeille au fond de ces natures quasi-sauvages. Cette force a peut-être d'autant plus de ressort que son possesseur inconscient lui a fait moins d'emprunts. Le moindre choc suffit pour faire jaillir l'étincelle. Il est bon de ne pas négliger ce moyen d'action qui, sur le nombre, peut au moins atteindre une ou deux âmes.

J'ai demandé au gérant si ce petit peuple était aisé à manier, et il m'a répondu que oui. Rarement un ivrogne élève la voix, fait du tapage; il suffit alors de lui parler avec fermeté, de le menacer de l'expulsion, pour le faire se tenir coi. — Mais, lui dis-je, supposons que, dans un jour d'effervescence populaire comme il s'en présente quelquefois, une bande de mauvais garnements s'entendît pour essayer de vous faire la loi, quel parti prendriez-vous ? » — « Une émeute à l'Hospitalité de nuit, me répondit le capitaine, n'est pas à redouter : il n'y a nulle caisse à forcer, et le mobilier n'est pas d'une somptuosité à exciter la convoitise. Quand on aurait saccagé l'établissement, on n'en serait pas plus riche pour cela. » — « Fort bien! mais la calomnie peut engendrer la haine, et la crédulité populaire n'a pas de limites. Une foule stupide a parfois envahi des cellules de religieux où l'on savait bien que l'on ne trouverait pas de trésors.

Enfin, si l'on se révoltait, que feriez-vous?» — «Ce serait le moment de montrer de l'énergie. En face du péril, un homme résolu en vaut dix. Au surplus, j'ai dans ma chambre un revolver qui n'a pas parlé depuis que j'ai quitté le service, mais il n'est pas encore trop rouillé. »

Le capitaine avait raison ; avec certaines natures et dans un certain milieu social, on ne conserve son ascendant qu'à la condition de ne pas avoir peur et surtout de ne pas paraître avoir peur.

IV

Il ne faudrait pas croire que les hôtes de la maison
sortent tous des bas-fonds de la société. Plusieurs
appartiennent à des professions libérales ; l'inconduite,
l'imprévoyance, des accidents fâcheux, les soubresauts
de la politique les ont fait échouer sur cette plage
heureusement hospitalière. Le relevé des registres
de l'établissement offre des résultats fort curieux à cet
égard. Qui croirait que, parmi les 12,850 individus
qui ont couché à la rue de Tocqueville dans le courant de l'année dernière, il s'est trouvé 193 professeurs
et instituteurs, 2 ingénieurs civils, 2 avoués, 5 capi-
taines au long cours, 4 officiers, 2 dentistes, 10 en-
trepreneurs et négociants, 7 interprètes, 2 journalistes,
7 commis-voyageurs, 1,389 expéditionnaires et em-
ployés de commerce, puis des artistes peintres, des
sculpteurs, des photographes, 4 pianistes, 11 artistes
lyriques et 44 artistes dramatiques ! Ces chiffres sont
instructifs ; ils nous font pénétrer plus avant que
des considérations étendues, dans les mystères de
la vie sociale et de ses incommensurables misères.

Je sais qu'il y avait naguère dans la maison un
comte, un vrai comte, s'il vous plaît, que les entraî-

nements de la jeunesse et de folles prodigalités avaient réduit à cette extrémité de la misère. Informé du fait, un proche parent de cet étrange pensionnaire a répondu : « C'est fort bien ; quand il se sera sérieusement amendé, je viendrai à son secours En attendant, qu'il mange de la vache enragée, il en a besoin ! » En réalité, l'établissement est, à certains points de vue, une sorte d'école de correction.

Je ne sais si l'on doit compter au nombre des journalistes ci-dessus mentionnés, un publiciste qui se présenta un beau soir sous le nom exotique de Casabianca, passa tranquillement la nuit dans l'établissement et partit le lendemain comme ses compagnons. On le vit reparaître quelques heures après, il descendait de voiture, tout ému, et revenait chercher son carnet de notes oublié dans l'établissement. Comme il avait fait lui-même son lit le matin, il retrouva son carnet sous son traversin et s'éloigna enchanté, après avoir confessé au gérant que, s'il était un vrai journaliste, il était un faux pauvre : il avait voulu expérimenter par lui-même les douceurs de l'Hospitalité de nuit. On n'a jamais su quel était, au juste, ce prétendu Casabianca.

Au pôle opposé nous citerons un certain nombre d'amnistiés auxquels on a tendu une main secourable pour leur éviter les tentations malsaines de la faim. L'un d'eux, lisons-nous dans le rapport de cette année, reçut des bons d'aliments, de vêtements, et fut placé chez un opticien à raison de cent francs par mois. Voilà notre homme aux anges. Le soir, il s'élance sur l'estrade et avant que le gérant ait pu lui imposer silence : « Camarades, s'écrie-t-il, arrivé à Paris sans ressources, j'ai été voir mes anciens amis et j'ai été repoussé ! Je suis venu alors ici chez les *cléricaux*. Ils m'ont accueilli, vêtu, hébergé, couché, placé. Vive l'hospitalité ! »

Cet élan de gratitude paye de bien des mécomptes.

Il faut en effet reconnaître que ceux qui se présentent pour bénéficier de l'œuvre ne sont pas tous nécessiteux. Quelques-uns, surtout parmi les immigrants ou les émigrants, sans être précisément des Crésus, trouvent commode d'éviter des frais d'hôtel. Dans ma visite à la maison Tocqueville, on m'a montré deux jeunes enfants installés paisiblement dans leurs blanches couchettes et que leur père avait amenés avec un admirable aplomb, en donnant pour tout motif de cette démarche qu'il logeait à l'auberge avec sa femme, mais qu'on n'avait pas voulu recevoir sa progéniture Bonne ou mauvaise, la raison fut acceptée par le gérant, qui jugea qu'il valait mieux recevoir ces pauvres petits êtres que de les laisser vaguer dans la rue, où le père menaçait de les abandonner.

Il se présente aussi, par-ci par-là, des rôdeurs de

barrière qui ont l'habitude de coucher à la belle étoile
pendant l'été, mais que la pluie ou le froid chassent
dans la maison du bon Dieu. L'œil exercé du gérant
les discerne sans peine et les surveille. Ne vaut-il
pas mieux abriter quelques indignes que de les
exposer à la tentation de faire de mauvais coups ?

La prévoyance charitable des administrateurs de
l'Hospitalité ne se borne pas au repos nocturne.
Elle s'attache à fournir du travail et sert volontiers
de bureau de placement. Elle offre des sujets pour
tous les métiers, pour toutes les professions ; seulement, elle ne garantit la moralité de personne, et
engage ses correspondants à prendre à part leurs
renseignements. L'œuvre a pu placer, dans le courant de l'année dernière, 3,501 de ses pensionnaires.
Il convient d'ajouter à ce chiffre 428 hommes auxquels les compagnies de chemins de fer se sont em-
pressées de donner de l'ouvrage. Un des grands services rendus consiste dans la facilité de rapatriement
qu'elle procure aux provinciaux et aux étrangers.

Bien qu'elle se soit interdit d'une manière stricte
des distributions alimentaires qui eussent été un encouragement à l'oisiveté, elle ne refuse pas quelques
bons à ceux qui lui paraissent les plus dénués. Ainsi,
l'année dernière, elle a fourni 29,221 rations, dont
voici le décompte : 15,401 bons de pain, 7,129 bons
de fourneaux achetés par l'œuvre, 3,691 bons de four-

neaux donnés par divers, 2,000 bons de la pension alimentaire donnés par M. Ruel, 1,000 bons de soupe donnés par la maison de placement du Répertoire du Louvre. On sait que M. Ruel est un philanthrope généreux, heureusement fort riche, qui perd tous les ans 25,000 francs à nourrir à bon marché la classe populaire. Son restaurant, 9, rue de la Verrerie, est des plus curieux à visiter ; on y déjeune presque confortablement, assure-t-on, pour la somme fabuleuse de dix sous. Tout récemment M. Ruel a dû fermer boutique, il se serait complètement ruiné.

Que si l'on demande enfin sous quels patronages se présente cette œuvre et où se recrutent ses bienfaiteurs, nous répondrons à la première de ces questions en donnant au hasard les noms de quelques-uns des membres du conseil d'administration : MM. le baron de Livois, président ; le comte des Cars, Garnier, ancien juge au tribunal de commerce ; l'abbé Ardouin, Henry Blount ; Aubry, ancien député ; Baudin, Béluze, comte de Cossé-Brissac, P. Decaux, comte de Lambertye, docteur Le Guillou, docteur Passant, marquis de Plœuc. Quant aux donateurs, on peut en voir dans les rapports publiés la liste qui est considérable : les plus grands noms s'y lisent auprès des plus obscurs, et une souscription de 20,000 francs figure auprès d'offrandes de 5o centimes.

Il y a aussi des aumônes spontanées, parfois singulières, toujours touchantes. Un samedi, jour de paye, deux ouvriers, sortant du cabaret, ont la curiosité de visiter la maison de la rue de Tocqueville ; après avoir tout inspecté, ils déposent chacun un franc dans le tronc. Un autre jour, un habitant de Belleville apporte son contingent à cette œuvre qu'il juge fort belle, *bien que fondée par des calotins*. Tout dernièrement, la *Lanterne* envoyait 13 francs, produit des offrandes de plusieurs abonnés.

Ces élans de libéralité ont permis de fonder une seconde maison, 14, boulevard de Vaugirard. C'est à cette nouvelle création qu'a été appliqué le don de 20,000 fr. de M. de Lamaze. Bénite le 12 juin 1879 par M. le curé de Notre-Dame-des-Champs, elle se compose de 4 dortoirs contenant 189 lits, mais où l'on a trouvé le moyen de loger 420 personnes dans une seule soirée de cet hiver qui fut si rigoureux.

Le *Figaro* a fondé au boulevard Voltaire un troisième asile, mais qui n'a été que temporaire.

Il y a encore, rue Saint-Jacques, un établissement analogue pour les femmes.

Un mot sur le budget le plus récent. En 1880,

les recettes se sont élevées à la somme de 55,047 fr. 78 et les dépenses à 70,636 fr. 50. La situation peut ne pas sembler très rassurante, mais il faut savoir que le déficit a été largement comblé par une somme disponible de 33,803 fr. 35, de sorte qu'on a pu établir une réserve de plus de 18,000 francs. Le trésorier a calculé que chacun des 26,555 pensionnaires a coûté en moyenne 1 fr. 25 environ. Pour cette modique somme on a passé au moins trois nuits dans un lit propre, frais en été, chaud en hiver, sans compter, outre des fournitures d'habillement, une aide matérielle et morale et de bons conseils par-dessus le marché. Obtenir des résultats considérables avec d'aussi faibles moyens, c'est le cachet des bonnes et grandes œuvres.

Bien que l'œuvre profite surtout aux Français, elle a un caractère profondément cosmopolite et humanitaire. Elle a abrité depuis sa fondation à Paris, le 2 juin 1878, 48,841 personnes, dont 6,959 étrangers, parmi lesquels on remarque principalement des Belges, des Allemands et des Suisses; on compte aussi, en moindre nombre, des Autrichiens, des Hongrois, des Espagnols, des Russes et jusqu'à des Grecs, des Turcs et des Chiliens. Nous ne désespérons pas d'y voir un jour des Peaux-Rouges.

L'œuvre de l'Hospitalité de nuit, dont M. le baron de Livois est le président, et qui a pour vice-présidents M. le comte des Cars et M. Garnier, ancien juge au tribunal de commerce, est une de celles qui jouissent le plus de la faveur du public. Tout le monde en parle avec bienveillance et en fait volontiers l'objet de sa générosité. L'administration ne la voit pas d'un mauvais œil, car elle contribue à purger, la nuit, les rues de Paris d'un grand nombre de gens vagabonds et sans asile, qui seraient un embarras, et parfois un danger. Les trois maisons : dans la rue de Tocqueville, au boulevard de Vaugirard et dans la rue de Laghouat, ont reçu, dans le courant de l'année dernière, 27,950 pensionnaires, qui ont couché 78,006 nuits. En ajoutant le nombre des hôtes des années précédentes, on voit que 76,791 pauvres ont passé 231,316 nuits dans ces divers établissements, depuis la fondation.

Les 27,950 pensionnaires de cette année, originaires de toutes les parties du monde, se subdivisent en :

24,198 Français. . . . . soit 87 o/o
 3,683 Européens. . . . . . .
   37 Africains. . . . . . .
    3 Asiatiques. . . . . . . soit 13 o/o
   27 Américains. . . . . .
    2 Australiens. . . . . .

———

27,950

Ces résultats sont satisfaisants sans doute; mais ils paraîtront insuffisants à ceux qui apprendront que, chaque nuit, près de 15,000 malheureux errent sans trouver un abri.

Nous ne pouvons mieux clore ce résumé que par les phrases suivantes, empruntées au rapport qui a été lu, cette année, par l'honorable et charitable président, dans une assemblée générale. Après avoir fait un nouvel appel à la générosité des assistants, M. de Livois ajoutait :

« Nous comptons aussi sur l'aide d'un auxiliaire puissant. Dieu, qui nous a dit : « Vous aurez toujours des pauvres parmi vous », nous en a légué la charge et vient à notre aide quand nous travaillons pour la gloire de son nom. N'oublions pas que notre Œuvre, qui étend ses bienfaits sur tous les malheureux, sans distinction de religion et de nationalité, est née d'une pensée chrétienne.

« Comme dans les hospices, nos salles portent des noms de saints, et vous retrouverez particulièrement dans nos trois maisons, la salle Saint-Joseph, la salle Saint-Vincent-de-Paul et la salle Saint-Benoît-Labre. Ce sont les trois patrons de l'Œuvre que nous honorons plus spécialement : saint Joseph, le patron des ouvriers; saint Vincent de Paul, ce grand apôtre de la charité, et saint Benoît Labre, cet obscur pèlerin qui a couché plus d'une fois, à Rome, dans des Œuvres hospitalières et que Dieu vient de tirer de son humilité en le plaçant au catalogue de ses saints. »

Nous avons déjà dit que Rome a eu, sur ce terrain spécial, comme sur tous les autres, l'honneur de l'initiative. Il y existait, depuis plus d'un siècle et demi, deux établissements analogues. Un troisième y a été fondé récemment par le duc Salviati, à la suite d'une visite faite à l'Œuvre parisienne.

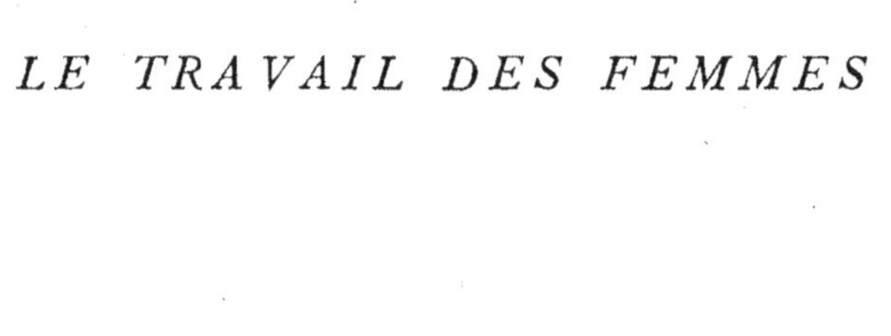

LE TRAVAIL DES FEMMES

f

LE TRAVAIL DES FEMMES

En vérité, les œuvres se multiplient autour de nous avec une fécondité inépuisable. Ce siècle peut être appelé le siècle des œuvres : c'est une consolation au milieu des tristesses de l'heure présente et en face des assauts de l'ennemi ; cela nous donne la force d'espérer.

Nous vous racontions tout à l'heure les merveilles de l'*Hospitalité de nuit,* assez récemment importée à Paris, et qui compte déjà plusieurs maisons très florissantes.

Mais il y avait un *desideratum ;* ces asiles ne s'ouvraient que pour les hommes. Les femmes ne méritaient-elles donc pas autant de pitié ? N'étaient-elles pas aussi exposées, plus exposées que les hommes à la détresse, à la tentation, au crime, au désespoir ?

Il fallait donc, pour ne pas laisser l'œuvre incomplète, l'appliquer au sexe faible. La tâche était des plus délicates. Il fallait d'abord trouver un personnel féminin qui joignît la fermeté à la douceur pour manier ces égarées de passage, leur faire respecter le décorum, leur imposer le respect de la discipline : un grand dévouement, une abnégation de tous les instants étaient nécessaires, l'expérience de la vie et du cœur humain n'était pas moins requise. On ne pouvait évidemment s'adresser qu'à des religieuses pour une besogne aussi ingrate. Eh bien ! on a trouvé des religieuses pour cette nouvelle forme du sacrifice chrétien, et l'œuvre a été fondée, elle existe, elle fonctionne ; on peut aller la voir dans un des coins les plus reculés de Paris, à Auteuil. Il n'y a pas seulement une œuvre, il y en a deux dans le même établissement et sous la même direction.

On s'est, en effet, bien vite aperçu que l'hospitalité de nuit proprement dite exercée au profit des femmes n'offrait que de bien minces résultats. C'est quelque chose, sans doute, que d'abriter pendant les heures du sommeil une frêle créature qu'assiègent au dehors mille séductions. Mais, le jour venu, que faire ? Un homme un peu intelligent et dans la force de l'âge trouve assez aisément un travail qui lui permette de ne pas mourir de faim ; le labeur des femmes est bien moins rétribué, plus précaire, et souvent il n'est pas sans danger soit pour la santé, soit pour la moralité. Renvoyer au bout de trois, quatre ou cinq nuits une jeune fille dont les recherches n'auraient

pas abouti à lui procurer de l'ouvrage, c'était into-
lérable. La charité, toujours ingénieuse, a imaginé
alors de doubler l'œuvre et de placer à côté du dortoir l'atelier.

Ces deux œuvres se complètent donc mutuellement
et se soutiennent, en quelque sorte, l'une l'autre;
mais elles sont complètement distinctes. Si vous
allez discrètement frapper au n° 39 de la rue d'Auteuil, vous pénétrerez d'abord dans une petite cour
et de là dans le parloir de la mère supérieure qui,
après un accueil des plus prévenants, vous fera, si
vous le désirez, les honneurs de sa maison, de ses
deux maisons.

Au delà du corps de logis, fort modeste, où est
installée l'œuvre du travail, se trouve une sorte de
jardin, beaucoup plus long que large, et dont on a
encore restreint les dimensions en y élevant un bâtiment, simple rez-de-chaussée, où l'on reçoit toutes
les femmes qui se présentent pour passer la nuit.
Tout y est pauvre, mais propre et décent. Voyez-
vous cette salle bordée de deux rangs de couchettes,
chacune avec ses matelas, ses draps toujours blancs
et sa couverture de laine ? Il y en a soixante, et
chaque soir, presque toutes sont occupées ; hier,
deux seulement sont restées vides. Aux extrémités,
deux Sœurs surveillantes occupent de petits cabinets
dont les fenêtres permettent au regard d'embrasser
tout ce petit monde. Au moindre signal, les surveillantes sont sur pied. Un soir, la sonnette d'alarme

f*

retentit ; une des habitantes de ce lieu d'asile, qui s'était couchée en parfaite santé, fut prise d'un mal subit. En un instant la supérieure avertie descendit et parut. On appelle le médecin en toute hâte, bientôt après le prêtre. Vite on transporte la malade, la mourante dans un cabinet voisin, où elle ne tarde pas à rendre le dernier soupir. Cette pauvre femme fréquentait l'asile depuis quelques jours et se croyait à la veille d'en sortir dans d'autres conditions. Quel avertissement ! quelle leçon pour ses compagnes ! Et quelle grâce pour elle d'avoir été frappée dans un lieu où les consolations religieuses lui ont été prodiguées, au lieu de mourir seule dans sa mansarde, sans une main amie, sans le secours fortifiant des dernières prières, du viatique suprême !

On se figure aisément combien cette population flottante est mélangée et quelle discipline non pas sévère, mais inflexible, est nécessaire pour empêcher tout désordre, toute contagion physique ou morale. Nous n'avons pas besoin d'indiquer les mesures d'hygiène ou d'ordre prescrites par le règlement, l'inscription sur un registre spécial, l'indication, s'il y a lieu, de références. Une soupe bien chaude est servie à toutes les personnes admises. Hélas ! pour un grand nombre, c'est le premier repas de la journée. Puis on se met à genoux pour la prière faite en commun. On n'a jamais eu à signaler le moindre écart, la moindre irrévérence.

Quelquefois de pauvres mères se présentent avec

leurs enfants. D'où viennent ces enfants? Quel est leur père? Où est leur père? Quelle que soit la réponse faite à ces questions, l'on reçoit la mère et les enfants; c'est autant d'arraché à la misère et au vice.

La durée réglementaire du séjour est de cinq nuits; mais parfois, quand la bonne volonté paraît suffisante, quand l'impossibilité de se procurer du travail est alléguée, on accorde une prolongation. La règle supérieure de la maison, c'est la charité.

Maintenant que nous avons donné un coup d'œil à l'asile de nuit, suivons notre bienveillante conductrice dans l'atelier du travail: il se trouve, je l'ai déjà indiqué, dans un corps de logis séparé. Voici d'abord une première pièce, vaste et bien éclairée, puis tout auprès un salon, un véritable salon, meublé d'une table ronde et d'une dizaine de chaises assez élégantes, non en paille, mais en rotin. Je ne vous dirai pas que ce mobilier respire un luxe sardanapalesque; mais c'est très convenable. Notez, s'il vous plaît, que le parquet est ciré. Aussi des princesses et des marquises ne dédaignent pas d'y hasarder leur petit pied mignon, et elles ont raison assurément, puisque c'est pour y faire du bien. Au premier étage, deux grandes chambres, parfaitement éclairées et aérées, servent d'atelier. Elles ont vue sur la seconde cour et sur des jardins limitrophes, ce qui donne un certain air de gaieté. Tout auprès, un dortoir exactement semblable, par l'apparence des lits, à celui que vous avez déjà vu. Il faut redescendre pour visiter la cuisine avec ses chaudières économiques, la buanderie et son appareil perfectionné, la salle à manger occupée par quatre ou cinq tables, autour desquelles étaient assises une soixantaine de personnes qui avaient l'air d'être toutes douées d'un bon appétit. Elles mangeaient, je crois, avec d'autant plus de plaisir que le repas ne leur coûtait rien.

N'oublions pas deux cabinets de bain pour la propreté et la santé. Voilà du confort bien entendu et comme on en trouve dans fort peu de maisons, même de maisons riches.

On ne m'a pas montré l'appartement des religieuses, et je n'ai pas demandé à le voir. J'imagine que je n'y aurais pas trouvé beaucoup de chauds édredons et de moelleux tapis.

La maison de travail peut abriter soixante personnes. Ces soixante places sont prises ; c'est dire que lorsqu'une soixante et unième femme se présente, elle est nécessairemént refusée. Quand l'œuvre aura des ressources suffisantes, elle s'accroîtra. En attendant, elle subsiste uniquement grâce à la charité privée.

En résumé, il y a toute une population de 120 femmes environ, que cinq religieuses seulement, aidées de deux ou trois surveillantes laïques, gouvernent du matin au soir et, on peut ajouter, du soir au matin, pendant toute l'année. Le service de l'hospitalité proprement dit ne dure que du 15 décembre au 15 mai.

Comment qualifier ce gouvernement ? C'est un gouvernement absolu à l'égard des personnes qui demandent à bénéficier de l'une des deux œuvres, mais il est responsable vis-à-vis d'une direction supérieure. Il y a, en effet, un comité d'administration qui reçoit les comptes. Si vous voulez savoir comment il est composé, je vous citerai les noms de Mmes princesse de Bibesco, comtesse de Courval, présidentes ; Mmes la marquise de Virieu et Gondry, vice-présidentes ; comtesses de Beaurepaire et de Vaufleury, secrétaires ; Ardouin, trésorière. Deux hommes seulement ont été adjoints au comité suprême, sous le titre modeste de conseillers : MM. l'abbé Ardouin et Charles Duval. Décidément le sexe fort est en minorité, et ce n'est pas en ce lieu que l'on pourrait citer l'adage fameux :

Du côté de la barbe est la toute-puissance.

Quand on a dit que le gouvernement intérieur des deux maisons était absolu, il faut s'entendre. La supérieure a toute autorité pour faire respecter le règlement, et j'ajoute, autant que j'ai pu m'en convaincre pendant ma courte visite, qu'elle est profondément respectée. Au premier aspect elle paraît fort calme, avec gravité, mais, après quelques instants de conversation, la bonté se montre et devient le trait caractéristique de cette physionomie attachante. Elle sait que c'est par le cœur qu'on devient maître des âmes. On l'aborde avec une certaine aisance visiblement contenue et dominée par une déférence souveraine. Quand « ma mère » a donné son avis, on le suit aveuglément. Mais madame la supérieure est loin d'abuser de son crédit. Liberté entière est laissée à tout le monde dans les limites du règlement. Point de prosélytisme gênant, point de questions embarrassantes, nulle pression fâcheuse. Le dimanche matin, elle avertit simplement, en entrant dans les chambres, que l'heure de la messe est proche, l'entend qui veut. Le samedi soir, on est de même prévenu que le prêtre est là prêt à entendre celles qui désireraient avoir recours à son ministère, mais personne n'est forcé d'aller à confesse.

Cette admirable réserve, cette prédication muette ont produit d'admirables résultats.

Une jeune fille de vingt ans a fait sa première communion ; une autre, âgée du même âge, a demandé à recevoir le sacrement de confirmation ; une union illicite a été purifiée par un mariage chrétien. Plusieurs étrangères qu'avait attirées le gouffre fascinateur de Paris ont été rapatriées. On compte au moins trois femmes que la honte ou le dénuement extrême poussait à se jeter dans la Seine et que la retraite dans cet asile ouvert à toutes les misères a préservées du suicide. Que de situations sauvées ! que de réputations sauvegardées ! Que de réhabilitations obtenues ! Et notez que l'établissement n'a été ouvert que le 15 décembre 1880 et que six mois après il comptait 140 admissions.

Un détail important à signaler : les assistées ont la faculté de rester pendant trois mois dans la maison de travail ; il leur est facile de réunir, au bout de ce temps, un petit pécule qui les aide à sortir d'embarras.

Tel est, en raccourci, le tableau de cette œuvre admirable, trop peu connue, sur laquelle nous serions heureux d'appeler la sollicitude intelligente de nos lecteurs.

Les dernières nouvelles que nous nous sommes procurées personnellement sur l'œuvre de l'hospitalité et du travail d'Auteuil sont des plus favorables. Cette fondation acquiert de jour en jour la sympathie du public. Une dame riche et bienfaisante dont on nous a tu le nom, visitant récemment, par hasard, cet établissement, et apprenant qu'il ne se soutenait que par la charité publique, fit apporter le lendemain des matelas en nombre suffisant pour garnir d'un second exemplaire de cet appendice nécessaire les lits de toutes les pensionnaires. Auparavant, ces pauvres ouvrières se reposaient la nuit sur un seul matelas. C'était un don d'environ 600 francs.

On ne nous a point dit que les religieuses aient profité pour elles-mêmes de cette générosité. Au surplus, nous craignons bien qu'en dépit de cet appât, on n'ait été parfois obligé de dédoubler les lits. Nous apprenons, en effet, que l'été dernier, dans le mois de

juillet, les hôtes affluaient au point de dépasser les limites prescrites et d'envahir les salles voisines du dortoir.
La digne supérieure se félicite de cet encombrement,
qui ajoute pourtant à ses fatigues. Elle se loue, en
général, de la bonne tenue et de la conduite labo-
rieuse de ces femmes, qui viennent lui demander un
travail, peu rétribué sans doute, en attendant des
jours meilleurs. Quelques-unes ont réussi à réali-
ser de petites économies, et beaucoup ont trouvé à
se placer à leur avantage et à l'avantage de leurs maîtres. Celles qui hantent la salle de l'hospitalité de
nuit donnent, en général, moins de satisfaction :
cela se comprend. Tout ce monde exige une grande
surveillance.

L'HOSPICE DES ENFANTS INFIRMES

A VAUGIRARD.

On m'avait dit monts et merveilles de l'hospice des Enfants infirmes, fondé, dirigé et tenu par les Frères de Saint-Jean-de-Dieu, à Vaugirard. J'ai voulu m'assurer par moi-même de la vérité de ces récits, que j'inclinais à qualifier d'hyperboliques, et je dois dire tout d'abord que j'ai été ravi de ce que j'ai vu. C'est un petit paradis sur la terre que l'asile de ces pauvres déshérités. Il n'appartient qu'à la charité chrétienne, dans ce qu'elle a de plus délicat et de plus héroïque, de convertir les langueurs en joies, et de faire des parias de la nature des êtres qui se sentent heureux de vivre et qui, de bon cœur, rendent grâces au Dieu créateur.

Il faut que vous sachiez que les hôtes de l'hospice

sont tous de jeunes garçons atteints d'infirmités que la science est réduite à déclarer incurables. On trouve donc là, comme en raccourci, toutes les misères humaines : scrofuleux, bancals, estropiés, boiteux, bossus, culs-de-jatte, paralysés, au nombre de deux cents environ, peuplent cet asile et lui donnent une physionomie toute particulière qu'on ne retrouve pas ailleurs. Vous croyez peut-être que ces malheureux ont l'air triste, désolé, sont taciturnes et plongés dans l'abattement et dans la désolation ? Détrompez-vous. Tous ceux qui peuvent se mouvoir se livrent, pendant la récréation, à une agitation perpétuelle. Leur entrain, leur gaieté, leurs cris de joie forment un contraste touchant avec les infirmités dont ils portent sur leur personne l'empreinte trop visible ; ils courent, ils se poursuivent, ils font de la gymnastique, ils regardent les visiteurs d'un air curieux et mutin qui respire la bonne humeur.

Le secret de ce contentement, c'est le dévouement qui les entoure ; ils se sentent dans une atmosphère réchauffée par l'amour ; ils se savent aimés, ils aiment, ils sont heureux.

Il y a seize Pères ou Frères pour ces 200 enfants. Tous les soins, même les plus répugnants, sont du ressort exclusif des religieux. Ce sont eux qui pansent les plaies, qui mettent au lit et qui lèvent, qui portent dans leurs bras ceux dont les membres sont liés. Ils les instruisent aussi, forment leur cœur en même temps que leur esprit, leur apprennent la résignation, le courage, la piété ; ils font auprès d'eux l'office d'in-firmiers, d'instituteurs, de pères, de mères, de prêtres ; comment n'en seraient-ils pas adorés ?

Quand un Père se présente au milieu de leurs ébats, ils se pressent autour de lui, ils lui font mille caresses enfantines, que celui-ci accueille en souriant. Les plus disgraciés sont l'objet de ses préférences. J'ai vu un religieux choisir un enfant de cinq ans, de l'aspect le plus repoussant ; ce malheureux avait été défiguré par l'explosion d'une lampe à pétrole ; il avait les paupières sanguinolentes, le nez rongé par une affreuse nécrose et ne laissant apercevoir que deux trous béants, la bouche sans lèvres ; on eût dit une tête de mort sur un squelette ambulant. Le Père prit l'enfant entre ses bras, le serra sur son cœur et l'embrassa, en lui donnant les appellations les plus tendres. Le pauvre petit avait l'air radieux.

Il y a souvent dans ces créatures que la main de Dieu a touchées une exquise sensibilité, jointe à une intelligence pénétrante, comme si la débilité de la partie grossière de l'organisme profitait au système nerveux, ce puissant auxiliaire de l'âme.

Mais il ne faut pas s'y tromper : les qualités morales et affectives ne se développent que lorsqu'on les

cultive. Si ces natures sont abandonnées ou placées
dans un milieu mauvais, elles tournent contre elles-
mêmes leur propre activité et subissent une corruption précoce. La plupart des enfants de cet asile,
appartenant à des classes indigentes et accablées par
les soucis de l'existence matérielle, privés par leur
état maladif de l'influence salutaire de l'école, se
sont trouvés dès leur bas âge sans surveillance et
souvent sans aucune espèce d'éducation morale. On
sait que le foyer parisien n'est pas toujours morali-
sateur.

Un grand nombre de ceux qui entrent chez les
Frères de Saint-Jean-de-Dieu entre huit et dix
ans sont gangrenés. Leur ignorance des choses
religieuses égale leur expérience précoce du mal.
Plusieurs ne savent pas faire le signe de la croix,
ils n'ont jamais entendu parler de Dieu. Il faut les
retirer de la fange où ils croupissaient. Ce sont des
hommes et des chrétiens à faire.

Les dignes religieux excellent dans l'accomplis-
sement de leur double, de leur triple tâche. Par des
soins hygiéniques bien entendus, par une médication
sagement appropriée, ils fortifient ces organes, ces
membres atrophiés ; ils rendent l'existence possible et
tolérable ; par une surveillance sévère de jour et
de nuit, par une inflexible fermeté qui se concilie
avec la douceur, ils coupent le mal moral à la racine

par les enseignements de la foi, et par l'exemple
d'un dévouement constant et que rien ne lasse,
ils font naître dans une âme fermée jusque-là
au soleil divin la notion du devoir et le goût de la
piété.

Qui ne se sentirait pas ému à la vue de ces petits
souffreteux qui semblent exclus de la communion
des vivants, bien qu'une âme immortelle batte dans
cette enveloppe chétive, et que l'on puisse dire de
plusieurs d'entre eux ce que le poète a dit des abeil-
les, insecte vil d'apparence, mais qui produit un
miel délicieux :

« Ingentes animos angusto in corpore versant » ;

c'est-à-dire qu'un grand courage anime ces faibles
corps.

Ils pensent, en effet, ils sentent, ils vivent comme
le reste de l'humanité. Un jour, ces mutilés de la
nature allèrent rendre visite aux Invalides, ces mutilés de la guerre. Quel rapprochement et quel contraste ! L'enfant débile auprès de la caducité précoce !
Les jeunes semblaient porter envie à ces vieux qui,
eux au moins, avaient reçu de nobles blessures, et
avaient fourni une honorable carrière. Quand le
général commandant l'hôtel des Invalides aperçut
confondus ensemble les glorieux débris de nos pha-
langes et ces enfants infortunés voués à une destinée

incomplète ici-bas, on assure qu'il ne put retenir ses larmes. Ces enfants, eux aussi, versent des larmes sur eux-mêmes, mais la charité des bons pères de Saint-Jean-de-Dieu les essuie.

Toute cette petite population est répartie en trois divisions : celle des grands, celle des petits et celle des tout petits, auxquels sont joints les paralysés, que leur état particulier réduit à l'extrême enfance. Chaque division a sa classe, son préau pour les récréations, son réfectoire et son dortoir. Tout est tenu avec une admirable propreté ; les dortoirs sont spacieux, parfaitement aérés, et le parquet en est ciré tous les jours. C'est un palais bâti pour des princes, et en effet les pauvres et les infirmes sont princes dans l'Eglise.

Ce qu'il y a de plus admirable, c'est la section réservée à ces tout petits, à ces paralysés que je mentionnais tout à l'heure. Tout a été calculé en vue de la plus grande commodité, du plus grand soulagement de ces déshérités entre les déshérités. Et d'abord leur appartement est situé au premier étage, dans un air parfaitement pur et vivifiant. Cet appartement communique, d'une part, avec une tribune élevée dans la chapelle et d'où ces infortunés peuvent voir le tabernacle et assister aux cérémonies religieuses ; de l'autre, avec une magnifique terrasse

d'où ils jouissent de la vue de tout l'enclos et d'où
leur regard peut s'étendre plus loin sur la riante
vallée de la Seine.

Cette terrasse est magnifiquement ensoleillée ;
mais prenez garde, on y a dressé dans un angle un
pavillon pour préserver les souffreteux des ardeurs
du soleil. Tout est de plain-pied, de façon à faciliter
le transport des enfants en leur épargnant la moindre
fatigue.

Ceux qui n'ont pas perdu l'usage de leurs membres
apprennent un métier qui peut les aider à gagner leur
vie lorsque, grâce aux bons soins qui leur sont pro-
digués, leur tempérament se sera fortifié. Il y a trois
ateliers : un de cordonnerie, un de taille d'habits et
un de brosserie. S'ils sont dans l'impossibilité de se
suffire à eux-mêmes, ils sont reçus dans les hospices
publics à l'âge de vingt ans.

La chapelle est simple, mais de vastes dimensions ;
l'air et le soleil y pénètrent à flots ; elle n'a point cet
aspect sombre, presque lugubre, qui convient aux
cœurs mélancoliques, qui peut faire une impression
salutaire sur les âmes blessées dans le combat de la
vie, avides d'ombre et de silence. Les hôtes de l'asile
que nous visitons ont besoin d'images gaies, de
couleurs voyantes, pour réagir contre le germe

de tristesse et d'alanguissement qu'ils portent en eux.

Deux tableaux représentant saint Jean de Dieu décorent le sanctuaire : l'un rappelle sa sublime vocation, l'autre retrace sa fin merveilleuse, lorsqu'il fut rappelé par l'ange du Seigneur, debout au pied de l'autel.

Telle est cette œuvre admirable, fondée en 1858 et qui n'a d'autres ressources que l'appui des âmes généreuses. Avant cette date, les enfants appartenant à des familles indigentes ou peu aisées et atteints d'infirmités incurables étaient exclus de partout. Ainsi que le dit une notice que nous avons sous les yeux, ils ne trouvaient un refuge ni à l'hôpital réservé aux maladies proprement dites, ni à l'hospice accessible aux seuls adultes, ni à l'école, à cause de difformités repoussantes ou d'ulcères infects, ni à l'atelier, comme incapables d'un travail sérieux. La charité chrétienne a comblé cette lacune.

Un conseil, dont la présidence d'honneur avait été déférée à Mgr de Ségur, assiste le Frère supérieur dans l'administration de l'asile. Il y a aussi un comité de dames patronnesses, qui, en versant une cotisation annuelle d'au moins 20 francs, acquiè-

rent le droit, bien doux pour des âmes aimantes, de
prendre part au soulagement de si cruelles
infortunes.

L'ŒUVRE DU REFUGE

A CHATILLON

h

L'ŒUVRE DU REFUGE

I

Il y a quelque trente ans, vivait à Paris, toute dévouée à Dieu et aux bonnes œuvres, une dame de bonne et chrétienne famille, originaire de Nantes, d'une modeste aisance, qu'elle consacrait presque tout entière à faire le bien. Mlle Chupin (c'était son nom) avait été particulièrement frappée des séductions qu'exerce sur des jeunes filles sans expérience et sans ressources une capitale déjà fort corrompue, des pièges qu'il leur est d'autant plus difficile d'éviter que parfois elles ne les soupçonnent même pas, et surtout des conséquences fatales qu'amène un moment d'entraînement et d'oubli. Car le monde se montre impitoyable pour les fautes qu'il a provoquées par son insouciance et sa facilité ; — et le monde n'a pas tout à fait tort, attendu que les égarements de ce genre, quand ils ne sont pas sévèrement restreints ou même proscrits, sapent par la base l'ordre social, en entraînant la souillure et la désorganisation de la famille. On s'explique ainsi la vigilance de l'administration pour empêcher le mal de faire trop de progrès et pour garantir, autant que possible, les parties saines de la population de la contagion des parties gangrenées. Mais ces mesures, les seules peut-être qui soient du ressort de l'autorité publique, dans un temps et dans un pays tels que les nôtres, laissent sans protection l'innocence et sans encouragement le repentir. Il y avait là une lacune que l'intelligent dévouement de Mlle Chupin entreprit de combler. Elle y songea pendant longtemps devant Dieu ; elle dut sans doute consulter des guides prudents avant de se lancer dans une entreprise d'une nature aussi délicate. Enfin, un beau jour, grâce à quelques sacrifices qu'elle s'imposa courageusement, car elle n'était pas très amplement douée des biens de la fortune, elle loua une modeste chambre dans une rue de la rive gauche, la pourvut du mobilier indispensable et attendit. Le soir même, il se présenta deux jeunes filles cherchant un asile et le demandant à cet établissement profondément ignoré, puisqu'il venait de s'ouvrir : l'une avait tristement échoué, l'autre craignait de faire naufrage. La Providence n'indiquait-elle pas merveilleusement par cette coïncidence l'œuvre double à laquelle Mlle Chupin devait désormais consacrer sa vie : la préservation et le relèvement ?

Il n'entre pas dans notre plan de raconter les péripéties de cette création qui n'eut pas lieu sans bien des vicissitudes. Il y eut des difficultés morales et matérielles. Rien ne se fait avec rien. Les ressources nécessaires manquaient, elles manquent encore aujourd'hui. C'est la charité privée qui seule soutient cette œuvre si nécessaire. Mais l'argent ne suffit pas, il faut le don de soi, il faut une abnégation surhumaine, une force visiblement venue d'en haut pour que la vertu surmonte, par un effort constant et qui ne se relâche jamais, les répugnances que lui inspire inévitablement la dégradation morale, cette dégradation d'un genre particulier qui peut aller jusqu'à l'abjection et jusqu'au vice. Cet asile est ouvert à toutes les misères de l'âme et on n'y refuse jamais personne.

Le lien religieux, la stabilité qui naît du vœu et de l'engagemeut pris devant Dieu pouvaient seuls assurer la perpétuité de cette œuvre. Mlle Chupin, comme toutes les fondatrices, comprenait admirablement qu'il ne suffit pas de commencer, mais qu'il faut continuer et garantir l'avenir. Elle songea donc à former une congrégation. Aujourd'hui l'Institut compte une trentaine de religieuses qui suivent la règle de saint Augustin et les constitutions de saint

h*

Dominique. Elle possède deux maisons : l'une à Châtillon-sous-Bagneux, près Paris ; l'autre, moins importante, à Boulogne-sur-Mer. Cette dernière n'est qu'une colonie laissée par la maison-mère sur ce rivage hospitalier où la supérieure s'était installée avec son petit troupeau pendant le siège de Paris en 1870.

La résidence de Châtillon, que nous avons récemment visitée, a un fort grand air. Dans la rue de Paris, au numéro 17, se présente une porte monumentale qui donne accès dans une cour carrée, flanquée à droite et à gauche de modestes constructions qui servent de chapelle et de parloirs. Au fond s'élève un beau pavillon style Louis XV, à la riche façade décorée de pilastres, et auquel on accède par un perron en pierres de taille. On traverse deux vestibules de vastes dimensions, dignes d'appartenir à une habitation royale. Deux statues de saint François de Sales, l'aimable saint, et de saint Augustin, le génie profond, les décorent. Ces statues, don de la munificence privée, sont placées dans des niches qu'on dirait faites exprès pour les recevoir, et qui abritaient sans doute, jadis, quelque chose comme une Diane ou un Hippolyte. Cette maison passe, en effet, pour avoir servi de rendez-vous de chasse au roi Louis XV. Les déités du paganisme ont fait place aux héros chrétiens. D'un second perron fort élevé qui domine un jardin et un petit bouquet d'arbres que l'on appelle un bois, la vue s'étend au loin sur la campagne jadis couverte de forêts. A gauche du pavillon et du jardin se trouvent d'autres bâtiments servant de classes et de dortoirs, et cinq cours distinctes et closes, où les pensionnaires prennent leur récréation, suivant la division dont elles font partie. Tel est, dans son ensemble, le refuge actuel de Sainte-Anne ; il contient environ cent vingt personnes, dont la plupart sont des objets de mépris pour la société et de compassion pour les vingt-cinq religieuses qui remplissent pour elles l'office de mères.

Ce qui frappe tout d'abord les yeux, quand on pénètre dans cette enceinte, c'est un aspect général de paix et de gaîté, nous disons bien de gaîté. Les murailles sont de couleur blanche, les baies par où pénètre la lumière sont larges, les cours, le jardin spacieux; les murs de clôtures, étant fort bas, se dissimulent. On voit circuler, non seulement les religieuses, mais les pensionnaires elles-mêmes, dans une liberté apparente, bien qu'étroitement surveillées. Il n'y a pas jusqu'au costume des Sœurs, une robe de laine blanche, qui ne donne un air de candeur et de douce joie.

Les professes, il est vrai, y ajoutent un voile noir, mais ce voile, chez les novices, affecte la couleur blanche. Y a-t-il rien de plus gracieux ? Quant aux pensionnaires, elles portent un fourreau de toile bleue, et sont toujours nu-tête : on leur fait prendre un capulet, quand elles se rendent à la chapelle, par respect pour la parole de saint Paul, qui veut que les femmes dans l'église ne paraissent que voilées.

Rien ne ressemble donc moins à une prison que la

résidence de ces pauvres filles. On dirait une maison de campagne habitée par de bons propriétaires.

La réalité répond à l'apparence. Si l'extérieur est avenant et plein de promesses, la discipline intérieure est facile et douce. Ne vous attendez pas à voir des visages renfrognés, à entendre des sermons en trois points, de durs reproches. Les bras sont toujours tendus vers ces pauvres créatures qui ont failli comme la Madeleine, mais qui, comme la Madeleine, peuvent pratiquer les plus hautes vertus et parvenir au comble de la sainteté. Et de fait, il se trouve dans cette maison des personnes qui s'y sont volontairement confinées pour toujours. Rien ne les force à demeurer en ce lieu où, en somme, elles mènent une vie monotone. Mais la crainte d'abuser de leur liberté, le besoin d'une règle, de conseils et d'exemples, le désir aussi d'expier, leur font embrasser résolûment ce genre de vie. N'est-ce pas sage et courageux ? Et que faut-il de plus pour mériter les palmes éternelles ? On m'a montré une fille qui n'a pas quitté l'établissement depuis l'origine. Elle a aujourd'hui près de cinquante ans, est vive, alerte et paraît fort heureuse de sa condition. Voilà vingt-huit ans qu'elle fait pénitence pour une faute unique peut-être. Combien d'hommes que l'on appelle honorables dans le monde ont un passé plus coupable et le portent légèrement ! Et n'y a-t-il pas plus d'une mère de famille qui rougit en secret au milieu de ses enfants et des hommages dont elle est entourée !

J'ai dit que le régime de la maison est facile, il ne sent pas pourtant la mollesse. A cinq heures du matin en été, à six heures et demie en hiver, tout le monde est debout; on déjeune avec un morceau de pain sec et un verre d'eau. Le dîner et le souper ne sont pas dignes de Lucullus. De courts exercices religieux commencent et finissent la journée. Tous les matins, un prêtre de la paroisse vient dire la messe, et personne n'est dispensé d'y assister. A neuf heures, arrive l'instant du coucher. Pendant la journée, le personnel de l'établissement se réunit dans diverses classes où l'on s'applique au travail manuel. Celles qui manquent de dispositions pour la couture ou que leurs aptitudes appellent ailleurs sont occupées à d'autres soins, par exemple à la buanderie, à l'appropriement des dortoirs et des salles. Plusieurs récréations en plein air, quand le temps le permet, délassent le corps et l'esprit. On cherche à diversifier autant que possible les occupations pour éviter la fatigue, l'ennui, la tristesse, les murmures qui conduiraient bien vite à l'insubordination. De temps en temps des lectures sont faites à haute voix. Et n'allez pas croire que ce soient uniquement des lectures de piété et que l'on s'absorbe dans la Vie des saints. Non. Les livres instructifs et amusants trouvent grâce devant les maîtresses de la maison, qui savent en tirer un merveilleux parti pour calmer les imaginations ardentes.

La diversité d'origine et d'éducation exige des traitements divers. Quelques-unes des personnes que les circonstances ont amenées à se placer sous la houlette de la vénérable supérieure, appartenaient par leur naissance à des classes élevées. Leur chute n'en a été que plus terrible, et elle nécessite de grands ménagements. On m'a montré dans la chapelle un tableau représentant sainte Madeleine, qui est l'œuvre d'une des anciennes pensionnaires de l'établissement. En quittant cet asile où elle avait retrouvé l'honneur et la paix, elle a voulu laisser ce témoignage de sa gratitude.

Je me suis permis de demander quel esprit préside aux rapports des religieuses avec les pensionnaires. On m'a répondu que c'était un esprit d'indulgence et de charité, d'une charité poussée jusqu'à la tendresse. La bonne Mère, — ainsi se nomme la supérieure, — montre à toutes un visage riant et affectueux ; elle leur prend les mains, elle les serre sur son cœur, elle leur prodigue les appellations les plus touchantes. Peu ou point de reproches. C'est la conscience qui se charge d'en faire. D'ailleurs Dieu, par la voix du prêtre, n'a-t-il pas pardonné ? Allez et ne péchez plus ! Ces pauvres filles sont, à ce qu'il paraît, assez faciles à conduire ; on les prend surtout par le cœur. La plupart sont comme la Madeleine ; il leur est beaucoup pardonné parce qu'elles ont beaucoup aimé. Quand leurs tendances affectives se tournent vers le bien et vers Dieu, elles sont capables d'une grande dépense d'énergie. Le plus souvent elles vivent là insouciantes et heureuses, assurées du pain de chaque jour, menant une vie qui n'est pas plus pénible que celle qu'elles mèneraient au dehors en demeurant dans le sentier de la vertu, à l'abri des séductions et des tentations qui ont causé leur chute, et jouissant de la douceur d'un commerce quotidien avec des êtres qu'elles estiment, qu'elles respectent et qu'elles aiment. N'est-ce pas là, en définitive, un sort souhaitable ? et la grande majorité du genre humain ne subit-elle pas une condition moins douce ?

Voilà comment elles passent le temps de leur épreuve ; mais quelle est, en somme, leur destinée ? Un petit nombre — une trentaine environ — ont pris le parti de rester toute leur vie dans le *Refuge* ; elles constituent ce qu'on appelle le groupe de la *Persévérance*. Pour y entrer, il faut avoir donné, pendant plusieurs années, des marques d'une véritable et solide conversion, s'être distinguée par une fidélité plus grande aux bonnes pratiques, une docilité, un goût plus sérieux pour la piété. Ces prérogatives ne s'accordent pas aisément, ce qui leur donne plus de prix. Les *persévérantes* vivent isolées de leurs compagnes ; elles suivent d'ailleurs le même règlement, sauf quelques exercices de dévotion particulière. Habituellement on passe quelques mois, quelques années au *Refuge*, puis on en sort avec une sorte de réhabilitation ; alors on se place comme domestique, on exerce un petit négoce. Quelques-unes même trouvent à se marier, et c'est une joie pour ces dernières de revenir plus tard voir la bonne Mère et lui présenter leur mari et leurs enfants. En général, les relations se conservent entre les religieuses et les ex-pensionnaires. Celles-ci ont la mémoire du cœur et le montrent à l'occasion.

Faut-il conclure du tableau précédent que toutes les hôtesses du Refuge Sainte-Anne sont des perfections, et qu'il leur a suffi de franchir la porte pour se trouver transformées ? Ce serait une erreur de le croire. La légèreté de l'esprit et la perversité des instincts sont presque toujours, en dehors de la misère et de l'exemple, la cause des chutes de la femme. Il faut lutter continuellement pour triompher de ces instincts, et la gravité du caractère s'acquiert malaisément. Celles qui sont majeures trouvent toujours les portes toutes grandes ouvertes pour en sortir ; quelquefois elles profitent de la permission, plusieurs reviennent dès le soir. D'autres obéissent à leur humeur vagabonde. Quant aux mineures, elles doivent, bien entendu, suivre la volonté de leurs parents ou de leurs tuteurs.

Il est incontestable que la religion est la principale, pour ne pas dire la seule chose qui les ramène et les maintienne dans le bien. En général, elles ne manifestent aucun éloignement pour le prêtre, et elles approchent volontiers des sacrements; plusieurs sollicitent la permission, qui ne leur est jamais refusée, d'aller faire à la chapelle de courtes stations, en dehors des heures réglementaires. Elles invoquent avec une foi sincère la protection divine pour elles-mêmes, pour leur famille, pour des étrangers. J'en ai vu trois prosternées devant l'autel, dans une attitude profondément humiliée. C'était l'heure où l'approche de la nuit répand sur tous les objets une teinte sombre et semble inviter les âmes au recueillement. La lampe sacrée jetait dans le sanctuaire une lueur faible et mystérieuse. Dans un coin, une crèche rustique, œuvre d'une touchante naïveté, présentait aux hommages de la foi la grandeur de la maternité divine, unie à l'ineffable pureté de la Vierge sans tache. Quelques novices, avec leur parure éclatante de blancheur perçant la demi-obscurité, renouvelaient, agenouillées non loin de ces pauvres créatures, leur incommensurable sacrifice. Quel attrait et quel contraste ! De tels spectacles, loin d'atterrer, relèvent et fortifient.

Sublime communion de la vie chrétienne, qui

associe dans une même supplication le pécheur pénitent et le juste. Et que l'on comprend bien dans cette enceinte l'admirable et divine doctrine qui a fait du repentir une seconde innocence (1) !

(1) Nul n'ignore qu'il existe en France, soit à Paris, soit en province, diverses œuvres qui se proposent le même but que celle dont nous venons de présenter une esquisse. Le grand établissement de Saint-Michel, rue Saint-Jacques, est surtout connu. Nous n'avons voulu présenter ici qu'un spécimen, peut-être le plus intéressant, puisqu'il a été fondé par l'initiative privée, qu'il ne se soutient que par les dons du dehors et n'a nulle attache avec l'Administration.

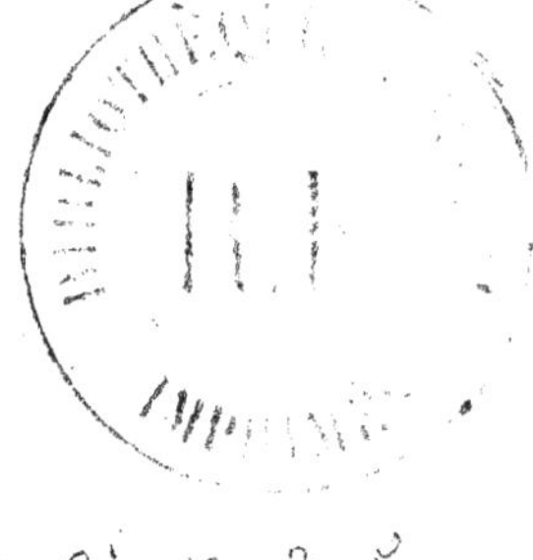